中国社会科学院创新工程学术出版资助项目

劳动力市场转变与农民工就业

都 阳 等著

中国社会科学出版社

图书在版编目（CIP）数据

劳动力市场转变与农民工就业/都阳等著．—北京：中国社会科学出版社，2016.10
ISBN 978 - 7 - 5161 - 9092 - 0

Ⅰ.①劳… Ⅱ.①都… Ⅲ.①劳动力市场—研究—中国②民工—劳动就业—研究—中国 Ⅳ.①F249.212 ②D669.2

中国版本图书馆 CIP 数据核字（2016）第 241558 号

出 版 人	赵剑英
责任编辑	李庆红
责任校对	周晓东
责任印制	王　超

出　　版	中国社会科学出版社
社　　址	北京鼓楼西大街甲 158 号
邮　　编	100720
网　　址	http://www.csspw.cn
发 行 部	010 - 84083685
门 市 部	010 - 84029450
经　　销	新华书店及其他书店

印　　刷	北京明恒达印务有限公司
装　　订	廊坊市广阳区广增装订厂
版　　次	2016 年 10 月第 1 版
印　　次	2016 年 10 月第 1 次印刷

开　　本	710×1000　1/16
印　　张	15.25
字　　数	220 千字
定　　价	58.00 元

序　言

　　农村劳动力从农业向非农业的转移、由农村向城市的流动是近几十年来中国劳动力市场上最重要的现象。农民工的流动不仅提升了经济效率、推动了经济发展，也使中国的社会经济结构发生了巨大的变化。同时，农民工跨城乡、跨地区、跨行业的流动推动了劳动力市场的一体化进程，促进了劳动力市场的发育。

　　近年来，劳动力流动的趋势出现了新的变化，尤其是经济发展跨越刘易斯转折点后，中国经济告别了二元经济时代，劳动力市场上出现了一系列新的现象。同时，中国经济发展正在经历由中等收入向高收入迈进的关键阶段，对农民工就业问题进行大量的实证研究具有重要的现实意义。本书正是在这个背景下，由中国社会科学院人口与劳动经济研究所的劳动经济学研究团队完成的一系列成果的集合。

　　本书的研究得到了中国社会科学院重大课题"劳动力市场转变与农民工就业问题研究"、国家自然科学基金面上项目"劳动力市场转折对中国中等收入阶段发展的挑战及政策应对"（项目批准号：71173234）、国家自然科学基金面上项目"中国刘易斯转折期间的劳资关系治理"（项目批准号：71473267）、国家自然科学基金应急管理项目"贫困地区人口的动态变化对扶贫开发的影响与应对研究"（项目批准号：71541037）、国家社会科学基金重大项目"未来5至10年我国就业形势和就业政策"（项目批准号：06&ZD003）的资助。

　　第一章由都阳、王美艳、蔡昉撰写，第二章由吴要武撰写，第三章由曲玥撰写，第四章由陆旸撰写，第五章由王美艳撰写，第六章由屈小博撰写，第七章由都阳、曲玥撰写，第八章由贾朋撰写，第九章由都阳、王美艳撰写，第十章至第十三章由都阳撰写。

都阳

2016. 9. 30

目 录

图 目 录

表 目 录

第一章　对劳动力市场转折的判断

　　我国改革开放以来农村劳动力向城市地区和非农部门的流动、转移和就业是人类历史上和平时期最大规模的迁移现象（Roberts、王冉，2005）。之所以会出现最大规模的劳动力流动，除了中国巨大的人口基数以外，还有两个方面的基本因素。其一是"补偿效应"，即由于以前长期实行计划经济和城乡分割体制，以及推行工业化优先的发展战略，使中国的城乡比例严重失调。改革开放以来，农村富余劳动力向非农部门和城市地区的转移，在很大程度上可以视为对以前体制扭曲的补偿；其二是"发展效应"，在改革开放以来，中国以世界领先的速度实现经济增长，这一过程也就必然会伴随着城乡经济关系、农业和非农关系的转变，同时，农村富余劳动力也必然以超常规的速度转移。基于这两个基本因素，在中国完全实现经济体制的转换和经济发展达到一定的水平之前，农村劳动力流动的趋势都将会在相当长的一段时间内在中国延续。而伴随着时间的推移和经济结构的转变，农村劳动力流动的特点也会不断地发生变化。也正是由于这两个推动力量都具有一定的阶段性，在中国的总体经济规模位居世界前列、人口结构发生急剧变化、社会经济得到全面发展、潜在经济增长率趋于下降的今天，我们有必要重新审视和判断农村劳动力转移就业的现状及未来的发展趋势。

　　纵观改革开放三十余年来农村劳动力流动的过程，可以发现农村劳动力转移就业是一个复杂的、不断变化的社会现象，其特点也呈现出多样性。从不流动到开始流动、从小规模流动到大规模流动，中国农村劳动力转移经历了一个独特的过程。这个过程既与中国改革进程紧密相连，也与经济发展的脉络息息相关。农村劳动力从农业部门转移出来，流向城市和工业部门，这种转移既提高了劳动力资源的配置效率，也改变了人口空间分布、推动了城市化发展。

第一节　劳动力市场转折的阶段性特征

中国经济发展和劳动力市场转变的历程，符合发展经济学理论所描绘的二元经济，从欠发达经济向发达经济迈进的一般路径。我们不妨借鉴经典理论，来描绘当前中国劳动力转移进程处于什么样的阶段。在图 1 - 1 中，我们用横纵坐标分别表示农业劳动力和农业总产出，图中 ORPT 为农业总产出曲线，其凸起的形状，表示农业劳动力过剩导致的劳动边际产量递减的性质。

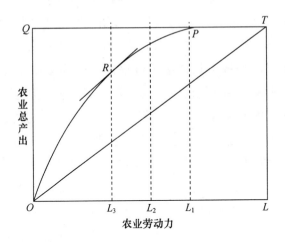

图 1 - 1　二元经济发展中的刘易斯转折点

资料来源：根据 Ranis 和 Fei（1961）绘制。

根据刘易斯的假设，在全部劳动者都务农，甚至在劳动力开始转移的情况下，在 LL_1 这个劳动力配置区间，劳动的边际产量都为零，劳动者的工资不是由边际劳动生产力决定，而是分享平均产量，即 OQ/OL。直到劳动力转移水平达到 L_1，即到达刘易斯转折点（图中

P）之前，转移到非农部门的劳动者继续分享平均产量。由于劳动的边际产量为零，劳动力转移的机会成本也为零，农业劳动力投入的减少并不会引起农业产出的下降，非农部门的工资水平也没有实质性的提高。我们也可以认为这是二元经济时代，劳动力市场的典型特征。虽然我们难以通过系统的统计资料来描绘这一事实，但无疑的是，20世纪农村转移劳动力在非农部门的状况符合这一典型特征。

但是，一旦劳动力转移达到 L_1 的配置状况后，若劳动力继续转移的话，农业中劳动的边际产出就成为正数了，按照定义，我们把 P 点看作经济发展到达刘易斯转折点。到达这个转折点之后，非农部门的实际工资开始上涨。并且根据需求收入弹性的幅度，工人对食品的需求也相应地扩大。这时，继续转移农业劳动力，就会造成农业产出的减少，并导致一个逐渐增大的食品供求缺口。因此，该转折点也被称为"食品短缺点"。

由于直到农业劳动力转移达到 L_3 之前，农业劳动的边际产出始终小于平均产出，即在 R 点的右边，RPT 曲线的任何一点上，斜率皆小于 OT 的斜率，农业劳动力继续处于就业不足的状态，仍然有转移的要求。因此，虽然农业产出已经受到劳动力转移的影响，停止劳动力转移却并不是问题的解决办法。拉尼斯和费景汉理论的全部要义就在于，解决这个阶段农业问题的出路是提高其生产效率。

从刘易斯转折点出发，农业劳动力转移仍将继续，直到转移到 L_3 这一点上，R 所表示的农业劳动的边际产出等于平均产出，即 R 点的斜率与 OT 的斜率是平行的，农业和非农部门的工资由相同的劳动边际生产力决定，经济发展到达其商业化点或第二个刘易斯转折点。

根据经典理论的描述，目前中国的劳动力转移进程，处于第一个转折点和第二个转折点之间，即图1－1中 P 点至 R 点的过程中。在这一阶段，劳动力市场所表现出的特征是，劳动力在非农部门转移就业的工资水平开始显著上涨，并导致农业部门工资上涨，但农业劳动力的边际生产率水平仍然低于非农部门；也正因如此，劳动力由农业部门向非农部门转移的进程并没有停滞，但劳动力转移的速度有可能放缓。

第二节　当前劳动力市场的典型特征

农村劳动力转移就业是二元经济的独特现象，也是经济发展进程中的必然结果。随着非农部门的不断壮大，其吸纳农村劳动力的容量也会不断提高。当农村劳动力不再无限供给时，劳动力市场的形势（就业状况和工资水平）将发生明显的变化，我们称为"刘易斯转折"。根据经典文献的研究，我们可以将劳动力市场结束无限供给称为第一个刘易斯转折点，将农业劳动生产率和非农部门劳动生产率相等称为第二个刘易斯转折点。刘易斯转折的来临对于经济发展和劳动力市场发育的意涵是非常丰富的。一旦越过第一个刘易斯转折点，就意味着我国经济在总体上摆脱了贫困陷阱，进入中等收入阶段；而如果能够越过第二个刘易斯转折点，则意味着迈入了发达经济体的行列。

目前，我国的经济发展处于两个转折点之间。在这个阶段，普通工人的工资由于劳动力市场供求关系的转变开始迅速上升，同时，由于农业部门和非农部门的劳动生产率仍然存在差异，农业劳动力向非农部门的转移仍将继续。不过，由于农业部门和非农部门的边际劳动生产率（工资）差异开始缩小，农村劳动力转移的速度开始放缓。

劳动力市场上的数量（就业）和价格（工资）变化是判断是否进入刘易斯转折的最主要依据。其中，数量（就业）变化体现为：农民工数量的持续增加与频繁出现的"民工荒"现象，农业就数量的实际下降和农村剩余劳动力的减少等。我们在下一节将对此着重予以说明。劳动力市场上价格（工资）变化的证据有以下几个方面：

其一，外出务工的农民工工资水平开始明显上升。根据国家统计局住户调查数据，外出农民工的平均月收入呈现不断上涨的趋势，如图1-2所示。尤其是近年来，农民工的工资增长开始加速，以2001年不变价格计算，2010年达到1383元。普通工人的工资增长是表征劳动力市场形势变化的明确信号。

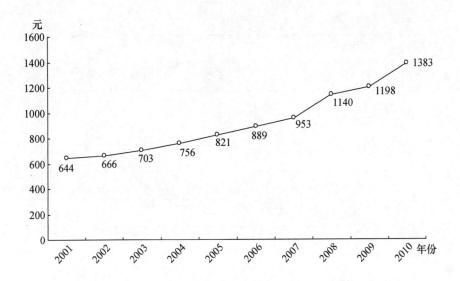

图 1－2 外出务工农民工平均月收入变化

注：以 2001 年不变价格计算。

　　其二，农业中雇工工资水平开始迅速上扬。按 1998 年不变价衡量，年平均增长率从 1999 年的 9.6% 提高到 2004 年的 13.0%，2008 年进一步上升为 17.6%。这个变化同时反映在雇工成本的提高上面。我们选取具有代表性的农业生产活动，按 1998 年不变农村居民消费价格衡量的雇工工价①，观察中国的刘易斯转折点到来的重要标志（非农产业工资上涨）及其推论（农业劳动力成本上升）。从图 1－3 中看到，不论是粮食作物、油料作物，还是规模养猪、蔬菜和棉花，其雇工工价无一例外地在不断提高。值得指出的是，2004 年制造业中普遍出现"民工荒"现象，是雇工工价上升的一个转折点。在 2004 年之前，雇工工价尽管在提高，但存在波动，而且提高的速度较慢；在此之后，雇工工价呈现稳步提高的趋势，而且提高的速度较 2004 年之前快得多。

①　雇工工价是指平均每个雇工劳动一个标准劳动日（8 小时）所得到的全部报酬（包括工资和合理的饮食费、招待费等）。

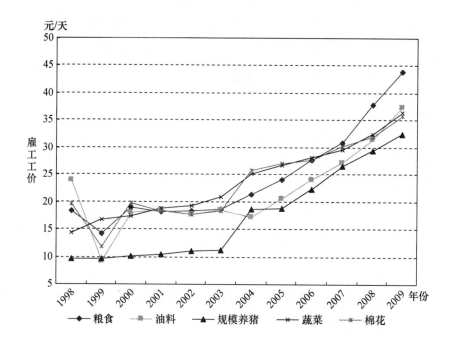

图1-3　雇工工价变化趋势

注：粮食是指稻谷、小麦和玉米三种粮食作物的平均；油料是指花生和油菜籽两种油料作物的平均；蔬菜是指大中城市蔬菜。价格根据农村消费价格指数调整。

资料来源：根据《全国农产品成本收益资料汇编》（历年）数据计算。

　　其三，农民工与城市本地职工的工资趋同趋势日益明显。在进入刘易斯转折点之前，农村剩余劳动力的广泛存在是制约农民工工资上涨的基本因素。同时，由于城市劳动力市场上存在制度性的分割，农民工难以进入城市的正规部门就业。于是，城市本地工人和农民工之间的制度分割，使他们各自形成了不同的工资决定机制，即一方面，劳动力的无限供给抑制了农民工的工资上涨；另一方面，制度分割造成的进入障碍，既形成对农民工的工资歧视，也使劳动力的无限供给并不显著影响城市本地职工的工资增长。[①]

---

　　① 奈特、宋丽娜（Knight and Song, 2005）以工资水平与劳动边际生产力的比较发现，当时的城市劳动力市场上，既存在对农民工工资的低估，也存在对城市本地工人工资的高估。

随着刘易斯转折点的到来，农民工的供求关系发生了根本性的转变，普通劳动力短缺的出现，使位于收入分布底端的农民工的工资开始有了更快的增长。与此同时，在劳动力短缺现象出现的条件下，制度性工资形成机制也被逐步打破。上述两个因素预期会产生推动农民工与城市职工之间工资趋同的效果。图1–4分别展示了2001年位于工资分布不同分位上的农民工和城市本地工人，从2001年到2010年的工资增长情况。我们看到，城市本地职工在各个收入分布区间有着较为均衡的增长速度。但农民工的工资增长却呈现出不同的趋势。首先，2001年位于收入分布底端的农民工，较之位于收入分布高端的农民工，在随后的年份里有更快的工资增长，即图中的曲线呈总体向下的趋势；其次，2001年位于收入分布60%及以下的农民工，较之2001年位于收入分布60%及以下的城镇职工，在随后的年份里有更快的工资增长速度。这个变化趋势，在很大程度上也反映了随着劳动力市场制度障碍的减少，工资决定因素中市场机制发挥越来越明显的作用。

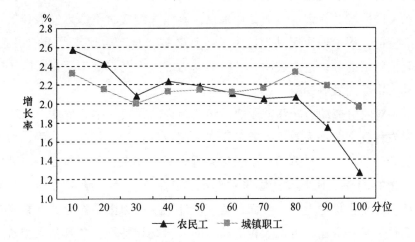

图1–4　2001年处于不同工资分位工人在2001—2010年的工资增长

第三节　农业就业的高估

伴随着经济发展和劳动力市场的不断发育，农村劳动力转移与就业的形势已经发生了转折性的变化。然而，关于农村劳动力转移的现状及所处阶段的认识并没有得到统一，其原因在于以下两个方面的误区一直干扰着很多人对中国劳动力市场形势的正确判断。

其一，准确地判断中国的劳动力市场形势需要正确理解不同来源的统计数据的质量、含义及其针对性。中国的社会经济体制转型已经被大家广为接受，但统计体制的转型存在一定程度的滞后，而且其对形势判断所产生的影响也未能引起足够的重视。我们稍后的分析会表明，大多数判断基于农村及农业劳动力的加总统计，认为中国尚有足够的劳动力在农村和农业当中，存在明显的高估。

其二，准确判断中国的就业形势还需要正确把握中国经济体制发展与转型产生的影响。很多学者基于国际经验，给出对中国劳动力市场发展阶段的认识。然而，如果在借鉴国际经验时不考虑发展和转型的特征，简单地比照其他国家的统计数据，会产生比较严重的误判。我们随后的分析也会表明，农村劳动力的人力资本结构直接影响了劳动力市场的发展趋势。

对农村劳动力转移就业的现状及趋势的判断在很大程度上取决于对农村剩余劳动力数量，或者说农业就业的认识。很多人认为，根据现有的统计，农村劳动力中仍然有近 3 亿人在农业部门就业，占就业总量的 31%。比照发达国家的标准，我们仍然有大量的劳动力要转移。需要指出的是，一方面，由于统计制度的原因，农业就业数量被高估；另一方面，考虑农村劳动力的人口统计特征，尤其是人力资本特征，剩余的农村劳动力已经难以满足现代生产的需要。我们在本节先着重分析第一个方面。

目前的农业就业总量统计仍然采取全面报表统计的方式。应该说，这种调查制度在城乡明显处于分割状态、几乎不存在劳动力流动的计划经济时期，是相对可行的调查方式。因为在计划经济时期，劳动力资源的配置方式是以计划为基础的，不同的群体就业有清晰的界定。由于劳动力几乎没有流动，基层单位统计农业劳动力的成本低，通过各级单位层层上报就业数量也是可行的。

然而，随着经济发展和农村就业的非农化趋势逐步增强，农业就业统计遇到了巨大的挑战。从20世纪80年代中期的乡村工业化大潮，到随后开始并一直延续至今的农村劳动力向非农产业和城镇地区流动，带来了中国就业结构的巨大变化。加上农户经营的土地规模小，兼业化的就业方式几乎成为大多数农户的就业方式，给农业就业统计带来的困难就更加明显。

在这种情况下，仍然通过逐级上报的方式统计就业数量，很难得到关于农业就业的准确统计。例如，国家统计局根据住户调查资料推算，2010年到乡镇以外从事非农工作超过6个月以上的农村劳动力达到了1.53亿人。同时，兼业化的就业方式几乎成为大多数农户的就业方式。在这种情况下，清晰地界定劳动力在什么产业就业几乎不可能。

在农户成为农村经济基本经营单位的情况下，农户之间存在劳动力配置的异质性。因此，以农村集体为单位，填报农业就业情况，会在加总的过程中，丢失反映农户劳动力配置差异性的信息。适应农村经济发展形势的变化，需要通过以农户为基本单位，以抽样调查的方式细化基本的调查单位。

在农村劳动力兼业化越来越明显的情况下，继续以"人"为单位统计农村就业也面临着越来越多的困难。因为同一个劳动力可能将一部分时间配置于农业，而其他时间配置于本地非农业或外出务工。为应对这种情况，度量劳动供给的单位需要更精确。例如，以"月"乃至以"天"为计量单位来度量劳动供给，可以解决以"人"为单位带来的不可分性。

以农户水平的资料为基础，我们可以通过图1-5展现的框架，重新估算农业就业的数量。对于特定的农村劳动力而言，配置劳动力的方式包括农业、本地非农业以及外出务工三种。如果以"人月"为单位，我们就可以计算农村劳动力在三种生产方式的总投入。然后，我们可以再将每一种劳动供给换算成以"人"为单位的劳动投入。

  遵循这一思路，我们以农村住户调查数据等为基础，重新估算农业就业人口。以"人月"为单位的基本假设是：作为一个具有全国代表性的调查，农村住户样本与全国农村的总体就业结构相同。因此，我们首先估算样本农户农业就业占 16 岁及以上人口的比例，再将其乘以 16 岁及以上农村人口总数，即可得到实际的农业就业数量。我们对农业就业数量重新估算的核心是，充分利用了农村住户数据对劳动供给度量更加精确的特点，将劳动供给时间由"人年"细分至"人月"。如果 16 岁及以上农村人口的总量为 N，农村劳动力 P_i 根据劳动力市场的状况和家庭及自身的禀赋配置其劳动 $L_{i,j}$，每个劳动力拥有的劳动时间都是一样的，但可能配置于不同的经济活动 j，即：

$$0 \leq L_{i,j} \leq 12, \quad j = 1, 2, 3$$

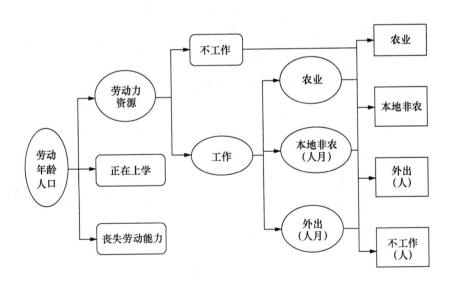

图 1-5　农村劳动力配置及农业就业数量的估算

  根据当前农村劳动力配置情况，我们将经济活动分为三类，农业（$j=1$）、本地非农活动（$j=2$）和外出经济活动（$j=3$）。由于对于每一个劳动力而言，其在不同的经济活动中劳动投入月数是可分的，因此，该项经济活动的总劳动供给也是可以加总的。对于农业经营而言，农业就业总量 $A = \sum_{i=1}^{N} L_{i,1}$。我们也可以将农业就业总量还原为以"人"为单位，即农业总就业为 $E = \frac{1}{12} \sum_{i=1}^{N} L_{i,1}$。

然而，我们并不能掌握所有农村劳动力的劳动配置情况，而只能依赖抽样调查的样本 n 的信息，推断总体情况。我们得到样本中农业就业为：

$$e = \frac{1}{12} \sum_{i=1}^{n} L_{i,1}$$

在假设样本中的人口和就业结构与总体相同的情况下，我们可以通过样本中农村人口的农业就业比例推断总体的农业就业比例，即：

$$R^N = r^n = \frac{e}{n} = \frac{\left(\sum_{i=1}^{n} \frac{1}{12} L_{i,1} \right)}{n}$$

于是，农业就业总量为：

$$E = R^N \cdot N = \frac{N}{n} \sum_{i=1}^{n} \frac{1}{12} L_{i,1}$$

为了得到农村劳动力资源总量 N，我们采用"第二次农业普查"所公布的农村劳动力资源数。因为，无论是从调查的资源投入还是调查的组织设计，农业普查所得到的信息更加可信。但第二次农业普查开展于 2006 年，为了得到 2009 年的农村劳动力资源数，我们根据国家统计局每年的"1‰人口变动调查"，计算 2006—2009 年的人口增长率，并由此得到 2009 年该年龄组的人口数。同时，我们根据样本中 15 岁人口的比例进行调整，得到 16 岁及以上的人口数。综合各种资料来源，我们对 2009 年农业就业总量的重新估计结果见表 1 – 1。

表 1 – 1 的重新估算结果表明，目前公布的农业就业数量存在较为严重的高估。以 2009 年为例，农业就业总量高估了 10479 万人，高估比例达 54.5%。

表1-1   **2009年农业就业总量的重新估计**

指标	含义	数据来源	数值
农业就业比例（r^n）	样本中按劳动供给时间计算的农业就业与人口之比	农村住户抽样调查	0.315
农村常住人口（万人）	15岁及以上农村人口的数量	第二次农业普查	60250
15岁调整系数	样本中15岁人口的比例	农村住户抽样调查	0.982
总人口调整系数	15岁及以上人口2006年以来增长	1‰人口变动调查	1.032
重新估算结果（万人）	19229		
年鉴数（万人）	29708		
高估数量（万人）	10479		
高估比例（%）	54.5		

第四节　正确判断农村劳动力剩余的形势

早在20世纪80年代中期，随着农村经济改革的激励效果显示出来，绝大多数学者和政策制定者都相信，农村有大约30%—40%的劳动力是剩余的，绝对数大约为1亿—1.5亿人（Taylor，1993）。到了20世纪90年代，一些学者推算表明，农村剩余劳动力的绝对数进一步增加。例如，卡特等（Carter et al.，1996）的估算为1.72亿人，剩余比例为31.5%。到了21世纪，人们对于农村剩余劳动力绝对数量和比例的估计不仅几乎没变，甚至还有所提高。例如，刘建进（2002）估算的结果是，2000年农村剩余劳动力比例高达46.6%，绝对数量超过1.7亿人。

这些估计存在一个共同的特点，就是注重农村剩余劳动力总量关系的测算，但忽视微观个体特征和行为差异对农村劳动力配置产生的影响。这一方面容易造成对农村劳动力剩余的总量关系判断产生偏差；另一方面由于缺乏对农村劳动力微观特征的把握，也很难形成具有针对性的劳动力转移政策。

然而，尽管非农部门的劳动力需求持续增加，但关于农村剩余劳动力的规模有多大，却是一个具有广泛争议的问题。一直以来，对农村剩余劳动力的估计，大多是用农村劳动力资源总量减去既定的农业生产能力下农业对劳动力的需求量得到。这种估计方法虽然直接，却在以下几个方面存在缺陷：

首先，在城乡经济关系和劳动力市场一体化程度逐步加强的情况下，农业部门的劳动力配置不仅取决于农业生产能力及其产生的劳动力需求，也取决于农产品价格、非农部门的工作机会和经济收入等多种因素。

在二元分割的社会经济形态下，农业剩余劳动力是一个静态的、绝对的概念，即特定的技术水平和农业生产条件下，除了农业需求的劳动力，其余的劳动力都可以称之为农业剩余劳动力。而在城乡之间产品和要素市场相互联系的情况下，农村剩余劳动力则成为一个动态的、相对的概念。农户的劳动力配置不取决于农业部门的实际劳动力需求，而是取决于劳动力配置于农业部门和非农部门的边际收益大小。在这种情况下，农村劳动力的绝对数量和农业需求劳动力水平，就不能成为估计农村剩余劳动力规模的依据。

实际上，随着经济的不断发展和市场化改革的不断深入，城乡关系逐步改善，劳动力市场逐步一体化的局面已经形成。一方面，劳动力由农村向城市流动的规模越来越大，农村劳动力占城市就业规模的比重已接近一半（蔡昉主编，2007）；另一方面，由于劳动力流动的频繁，劳动力市场一体化的程度也在逐步加强（都阳、蔡昉，2004）。这就意味着，农户有条件根据非农部门的劳动力市场信息和农业的收益，决定其劳动力配置的部门。而兼业经营和直接、间接的"撂荒"等现象的日益普遍，则更说明农业劳动力需求数量难以估计，也就难以成为估算农村剩余劳动力规模的基础。

其次，在城乡劳动力市场逐步发育的情况下，农户的劳动力配置行为，也逐渐转化为劳动者根据劳动力市场信号进行个人决策的过程。也就是说，农村劳动力是否在非农部门就业或者迁移到其他地区从事经济活动，取决于劳动力市场的工资水平和个人的保留工资水平。另外，即便是农业生产需求以外，存在一定数量的剩余劳动力，也需要考虑各种可能存在的不同的劳动力市场选择。对于任何一个群体的劳动力，都存在三种可能的劳动力市场状态：就业、失业和退出劳动力市场，农村剩余劳动力也不例外。

对城市劳动力市场的研究结果表明，由于劳动供给特征、流动性、保留工资和市场分割等因素，城市中的农村迁移劳动力的失业率很低。从全国平均水平看，2000 年城市本地劳动力失业率为 9.1%，农村迁移劳动力失业率为 3.6%，农村迁移劳动力失业率不到城市本地劳动力失业率的一半。这是一个选择性的结果，在城市劳动力市场上未找到工作的农村迁移劳动力，往往倾向于返回农村。因此，把农村剩余劳动力作为一个群体来考虑，他们的失业率可能很低，但劳动参与率也可能较低。

显然，用农村劳动力资源总量减去农业需求劳动力，得到农村剩余劳动力数量的加总分析方法，难以分析个人的劳动力市场参与等决策过程，而笼统地把没有参与劳动力市场的劳动力也作为农村剩余劳动力，并认为其可以为非农经济部门所使用，显然会高估农村劳动力的供给数量。而对农村剩余劳动力构成的差异性不加区分，也不利于形成合理的、有针对性的劳动力市场政策。

再次，由于以往对农村剩余劳动力的估计是基于加总数据，因此，也就很难考虑劳动者的个体差异性。实际上，目前的非农劳动力市场对农村转移劳动力具有很强的选择性，从而使年龄、受教育水平等个人特征，成为决定农村剩余劳动力流动方向的最主要的因素。已有的研究（蔡昉，2007）也指出，农村中中青年劳动力已转移殆尽，而老年劳动力的转移可能性却很低。因此，不对这两个群体的转移可能性加以区分，不仅可能高估农村剩余劳动力的总体规模，也不利于出台具有群体针对性的政策，鼓励迁移可能性低的农村劳动力转移，以挖掘现有的劳动力供给潜力。

最后，农业生产的复杂性为确切地估计农业劳动力需求的数量增加了难度。农业生产的季节性很强，目前，劳动者在不同部门之间循环往复地就业，形成兼业化模式的现象非常普遍，这会给度量农业劳动力需求增加难度。同时，农业中的精耕细作和粗放经营会产生明显的劳动力需求差异，但这些差异很难在加总分析中得到反映。而不同程度和形式的"撂荒"，则更增加了对农业劳动力需求的估计难度。

鉴于上述原因，我们拟通过具有全国代表性的微观数据资料，分析农村劳动力资源的配置状况，基于个体特征，对农村劳动力的转移可能性和农村剩余劳动力数量进行估计，并以此为基础，讨论进一步挖掘农村劳动力的供给潜力所应进行的政策调整。

农村劳动力的个体特征和家庭特征，是决定其是否从事非农就业和外出就业的重要因素。2010 年国家统计局农民工监测调查数据中，包含着有关农村劳动力非农就业、外出就业，以及个体特征和家庭特征的资料。因此，我们得以根据该资料，从总体上计农村劳动力的非农就业和外出就业决策。① 在估计农村劳动力的非农就业决策时，我们将劳动力的非农就业决策定义为一个虚拟变量。从事过本地非农自营、非农务工或者外出就业过被定义为非农就业者，被赋值为 1；反之被赋值为 0。劳动力的外出就业决策同样定义为一个虚拟变量，外出就业过被赋值为 1；反之被赋值为 0。我们使用 Probit 模型，估计农村劳动力的非农就业和外出就业决策过程。

在农村劳动力的非农就业和外出就业决策模型中，包括了反映劳动力个体特征的变量，如年龄、性别和受教育水平，还包括了一些反映家庭特征的变量，如家庭规模、6 岁以下孩子比重、65 岁以上老人的比重和家庭中受教育水平最高的人的受教育年限等。同时，为了反映区域性的因素对劳动力从事非农就业和外出就业决策的影响，我们又在模型中加入了户口登记地所在省份的虚拟变量，以体现地区差异性。用于估计农村劳动力非农就业和外出就业决策的 Probit 模型设定如下：

$$P = \alpha + \beta_1 age + \beta_2 age^2 + \beta_3 male + \beta_4 junior + \beta_5 senior + \beta_6 hhsize + \beta_7 kid + \beta_8 old + \beta_9 maxedu + \beta_{10} prov + \varepsilon$$

其中，age 为年龄，age^2 为年龄平方项，$male$ 为男性虚拟变量（女性为参照组），$junior$ 为初中虚拟变量（小学及以下为参照组），

① 农村劳动力是指 16 岁及以上不在学而且具有劳动能力的人。

senior 为高中中专及以上虚拟变量（小学及以下为参照组）①，hhsize
为家庭规模，kid 为 6 岁以下孩子比重，old 为 65 岁以上老人比重，
maxedu 为家庭中受教育水平最高的人的受教育年限。此外，户口登记
地所在省份虚拟变量也包括在模型中，以控制区域劳动力市场等因素
的影响，ε 是随机误差项。Probit 模型回归结果见表 1 - 2。

表 1 - 2　　　农村劳动力转移就业决策：Probit 模型估计结果

变量	非农就业决策		外出就业决策	
	边际概率	Z 值	边际概率	Z 值
年龄	0.0089	5.22 ***	- 0.0069	- 5.54 ***
年龄平方	- 0.028	- 13.5 ***	- 0.0068	- 4.17 ***
男　性	0.31	39.44 ***	0.12	23.70 ***
初　中	0.094	9.66 ***	0.053	7.49 ***
高中中专及以上	0.14	10.13 ***	0.070	6.79 ***
家庭规模	- 0.0037	- 2.90 ***	- 0.0005	0.60
6 岁以下孩子比重	- 0.11	- 2.34 **	- 0.080	2.59 ***
65 岁以上老人比重	0.066	2.06 **	0.068	2.82 ***
家庭最高教育	0.0046	2.75 ***	0.001	0.98
省份虚拟变量	有		有	
$PseudoR^2$	0.236		0.274	

注：＊＊＊表示在 1% 水平上显著，＊＊表示在 5% 水平上显著；户口登记地所在省份虚
拟变量的估计结果在表中省略。

　　模型中的大部分解释变量都在 1% 水平上显著。这表明我们可以
根据上述模型的估计结果，来预测样本中未从事非农就业或外出就业
的农村劳动力未来从事非农就业或者外出就业的概率。需要注意的
是，这种预测是基于劳动力市场的需求因素和调查时点相比没有发生
根本变化的前提。换言之，任何引起需求发生明显变化的因素，最终

――――――――――

　　①　农村劳动力中，受教育水平在大专及以上的比例很低。此处，我们将"高中""中
专"与"大专及以上"合并为"高中中专及以上"。

会通过劳动力市场的价格机制传导并影响农村劳动力的非农就业和外出就业决策。例如，非农部门劳动力需求的增加，会在既定的劳动力供给水平下，提高非农劳动力市场的工资率，相应地增加农村劳动力从事非农就业的可能性。反之，非农经济部门增长放缓，会降低对农村劳动力的需求，使农村劳动力从事非农就业的可能性降低。

另外，任何对保留工资产生影响的因素发生变化，也会使预测结果产生结构性的变动。例如，农民工的社会保护水平、福利状况、工作条件和享受公共服务的水平和范围的变化，也会影响到农村劳动力外出就业的决策。这些因素也是我们未来讨论政策变化和劳动力转移的主要领域。

根据农村劳动力的个体特征、家庭特征和农村劳动力外出就业决策模型，我们可以预测出农村劳动力的外出就业概率。在预测时，我们分别预测每一个年龄组下，不同受教育水平的劳动力的外出就业概率，外出概率乘以该年龄组下每种受教育水平的劳动力人数，即可得到该组别的劳动力中可能外出就业的劳动力数量。表 1 – 3 分别列出了 2011 年劳动力的分年龄和受教育水平的分布情况，每一个组别的平均转移就业概率，平均外出就业概率，以及每个组别可转移就业的数量，可供外出就业的劳动力数量。

首先，在近 4 亿 16—64 岁的农村劳动力中，年龄的分布并不均衡，这和我们以前的研究结论是一致的（蔡昉主编，2007）。农村劳动力中，40—64 岁者占 58.9%，50 岁以上者占 29.7%，30 岁以下劳动力占农村劳动力的比例仅为 23.4%。可见，由于农村劳动力转移就业规模的逐年增加，滞留在农业中的劳动力的老化现象已经非常明显。

其次，从可供外出就业的数量看，如果非农部门的需求和劳动力市场的制度因素不出现大的变化，农业中可转移就业的劳动力数量已经非常有限。2011 年可供转移就业的农村劳动力总量约为 7689 万人。如果中国的经济发展保持最近几年的发展速度和就业弹性，则每年新增就业的数量约为 1000 万人，这也就意味着，业已出现的劳动力短缺形势将更加严峻。而这种判断也和我们以前对就业供求关系的总量分析相一致（蔡昉主编，2006）。

此外，从未来非农劳动力的供给源泉看，随年龄增长的"倒 U 形"趋势非常明显。16—19 岁和 20—29 岁的年轻劳动力虽然受教育水平较高，但未转移的数量已经有限（分别为 616 万人和 2650 万人）。在目前的劳动力市场条件下，仍可能转移就业的数量，分别为 365 万人和 1488 万人；40—49 岁和 50—64 岁以上劳动力，虽然目前未转移的数量仍然可观，分别为 6317 万人和 8553 万人，但他们的平均受教育水平相对较低、外出的概率也最低，转移意愿不足，可供转移就业的数量分别为 2430 万人和 2043 万人；30—39 岁组的劳动力数量为 7069 万人，转移就业的概率尽管低于 30 岁以下的年轻人，但高于 40 岁以上的劳动力，该年龄组可供外出就业的数量为 1362 万人（见表 1 – 3）。

需要指出的是，不同年龄组的劳动力在转移就业的模式上存在明显的差别。根据同样的数据来源，我们可以估算出各年龄组不同受教育水平的平均外出概率，我们可以采用类似的方法，估算目前的农村剩余劳动力中可能外出就业者的量。根据表 1 – 3 的结果测算，目前尚未外出就业的劳动力中，仍然有可能外出就业的农村劳动力总量为 3046 万人，占可转移劳动力数量的 40%。

图 1 – 6 清晰地展示了转移就业劳动力的就业倾向差异。在可转移的劳动力中，20 岁以下的可转移的农村劳动力，外出就业的意愿最高，但同时该年龄组劳动力的剩余数量也极其有限。该年龄组有 365 万人可能转移就业的劳动力，其中，307 万人可能选择外出就业，占 84.1%；20—29 岁年龄组可转移的 1488 万人农村劳动力中，可外出者为 1036 万人，占 69.6%；30—39 岁年龄组可转移的 1362 万人农村劳动力中，可外出者为 648 万人，占 47.6%；40 岁以上组的外出意愿则明显下降，外出者占可转移劳动力的比例不足 1/4，特别是 50 岁以上的老龄组，可外出者占可转移劳动力的比重仅为 15.5%。因此，从进一步促进农村劳动力转移就业的政策看，针对不同的群体实施有针对性的措施是非常必要的：年轻劳动力具有较强的转移意愿，可以通过更加公平的积极就业政策，促进外出转移；对于 40 岁以上的

表1-3　可供转移的农村劳动力：分年龄组和受教育水平的情形

年龄和教育分组	劳动力资源(万人)	已转移劳动力(万人)	未转移劳动力(万人)	平均转移概率	可转移数量(万人)	平均外出概率	可外出数量(万人)
16—19岁	1490	874	616	—	365	—	307
小学及以下	191	74	117	0.470	55	0.388	45
初中	963	568	395	0.594	234	0.511	202
高中及以上	336	232	104	0.727	76	0.571	59
20—29岁	7800	5150	2650	—	1488	—	1036
小学及以下	947	393	554	0.434	240	0.299	166
初中	4827	3222	1605	0.572	918	0.400	641
高中及以上	2026	1535	491	0.672	330	0.467	229
30—39岁	7069	4071	2998	—	1362	—	648
小学及以下	1787	682	1105	0.355	392	0.159	176
初中	4330	2662	1668	0.497	829	0.241	402
高中及以上	952	727	225	0.627	141	0.312	70
40—49岁	11592	5275	6317	—	2430	—	737
小学及以下	3620	1091	2529	0.287	726	0.078	197
初中	6242	3156	3086	0.435	1342	0.140	431
高中及以上	1731	1029	702	0.515	362	0.156	109
50—64岁	11833	3280	8553	—	2043	—	317
小学及以下	6487	1275	5212	0.172	896	0.022	117
初中	4022	1387	2635	0.324	854	0.056	147
高中及以上	1324	618	706	0.415	293	0.076	54
合计	39784	18650	21134	—	7689	—	3046

农村劳动力，外出转移就业的意愿并不强，主要通过产业转移、就近就业等方式促进转移就业。

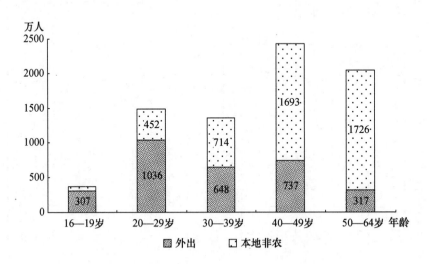

图 1-6 可转移就业的农村剩余劳动力构成

参考文献

Carter, C. A., F. Zhong & F. Cai (1996), *China's Ongoing Agricultural Reform*, San Francisco: 1990 Institute.

Knight, J. & L. Song (2005), *Towards a Labor Market in China*, Oxford: Oxford University Press.

Ranis, G. & J. C. H. Fei (1961), A Theory of Economic Development, *American Economic Review*, 51 (4), 533 – 565.

Taylor, J. R. (1993), Rural Employment Trends and the Legacy of Surplus Labor, 1978 – 1989, In Kueh, Y. Y. & R. F. Ash (eds.), *Economic Trends in Chinese Agriculture: The Impact of Post – Mao Reforms*, New York: Oxford University Press.

蔡昉:《中国人口与劳动问题报告 No. 7——人口转变的社会经济后果》，社会科学文献出版社 2006 年版。

蔡昉:《中国人口与劳动问题报告 No. 8——刘易斯转折点及其政策挑

战》，社会科学文献出版社 2007 年版。

都阳、蔡昉：《中国制造业工资的地区趋同性与劳动力市场一体化》，
　　《世界经济》2004 年第 8 期。

刘建进：《中国农村就业基本状况》，载蔡昉主编《中国人口与劳动
　　问题报告 No. 3——城乡就业问题与对策》，社会科学文献出版
　　社 2002 年版。

Roberts Kenneth、王冉：《中国劳动力流动的形势及其变化——从历时
　　最久的流动中得到的启示》，《中国人口科学》2005 年第
　　6 期。

第二章　农民工就业的总量特征

改革开放以前，中国实行严格的计划经济体制，城镇与乡村是制度性分割的。几乎没有农村劳动力以寻求就业为目的向城镇流动。但改革开放带来了市场发育，农村劳动力的跨地区迁移现象最先在东南沿海地区出现（Zhao，2000）。到 1988 年下半年，为治理经济过热进行"清理整顿"时，据媒体报道，有 3000 万农村劳动力被迫返回农村。1992 年以来，城镇劳动力市场发育迅速，创造了大量的非农就业机会，农村劳动力向城镇转移的速度也随之加快。高速增长带来的就业机会，将农村"剩余劳动力"逐渐淘尽，2003 年以后，城镇地区开始遭遇劳动力短缺现象，工资水平随之持续提高，到 2009 年，人力资源与社会保障部对企业的监测调查数据显示，75% 的企业声称，上一年度没有招满所需的劳动力（人力资源和社会保障部，2010）。企业招工难的态势越来越严峻。

中国的农村劳动力到城镇寻求就业，被视为人类历史上最大规模的迁移。但弄清农民工的准确数量，一直是困扰政府和学术界的难题。已有的数据来源包括：政府统计部门在城镇和农村的调查系统；人口普查或者抽样调查数据；农业部在农村设立的住户观察点；学者到农村所做的抽样调查等。本章主要根据 2010 年国家统计局农民工监测调查数据并结合其他来源的数据，对农民工的总体特征进行描述和分析。

表 2 - 1 报告了《中国农村住户调查年鉴》公布的农村外出劳动力数量。2002 年，农村外出劳动力总量已经超过 1 亿人，此后一段时期，农民工的总量一直在持续增长，到 2009 年，已经达到 1.45 亿人。从迁移目的地看，约 2/3 的农民工流向了地级及以上规模的城市。农村劳动力外出就业，既可能在本地乡镇企业，也可能跨地区到

其他城镇。从流出地看，2009 年，农村流出劳动力约 2.3 亿人①，其中约 1 亿人来自东部地区。从流入地观察农民工，2009 年，东部地区流入了 9076 万人，中西部地区分别流入 2477 万人和 2940 万人。这个数据与我们的经验相一致：东部地区是农村劳动力寻求非农就业的主要目的地。

表 2 - 1 　　　　流出地调查的外出农民工数量及分布情况　　　单位：万人

指标	2002 年	2003 年	2004 年	2005 年	2006 年	2008 年	2009 年
外出劳动力	10470	11390	11823	12578	13212	14041	14533
外出劳动力：地级以上	5947	6937	7378	8188	8548	8930	9199
外出劳动力：县级市	2209	2324	2424	2478	2669	—	2689
外出劳动力：乡镇	1351	1321	1348	—	—	—	2006
东部流出	—	—	3188	3393	3484	9716	10017
中部流出	—	—	3681	3993	4251	7082	7146
西部流出	—	—	2484	2652	2833	5746	5815
总流出	—	—	9353	10038	10568	22544	22978
东部流入	7224	7962	6511	7058	7404	8188	9076
中部流入	1591	1697	1343	1445	1569	1859	2477
西部流入	1654	1731	1472	1503	1572	2165	2940
总流入	10470	11390	9326	10006	10545	12212	14493

资料来源：历年《中国农村住户调查年鉴》。

第一节　农民工的人口统计特征

当城镇新兴经济部门成长时，自动利用了中国资源禀赋决定的比较优势——廉价劳动力资源，主要选择那些技术层次较低的劳动密集型产业。年轻劳动力更容易胜任劳动强度大、工作时间长的工作，成

———————————

① 根据国家统计局发布的《2010 年国民经济和社会发展统计公报》，"全年农民工总量为 24223 万人，比上年增长 5.4%。其中，外出农民工 15335 万人，增长 5.5%；本地农民工 8888 万人，增长 5.2%"。

为城镇新兴部门优先雇用的对象。从表 2 - 2 提供的描述性信息看出，农村迁移劳动力以年轻人为主。2000 年，16—34 岁的劳动力占农民工总量的 81%，女性农民工在此年龄段的比例甚至达到 83%。到 2005 年，由于招工难开始蔓延全国，工资水平迅速上涨，吸引农村大龄劳动力向城镇流动，16—34 岁劳动力占农民工总量的比例下降到 65%，女性劳动力的比例也下降到了 67%，年龄结构变化背后的事实为，农村已经没有 "取之不尽" 的年轻劳动力来满足城镇非农部门的需要了。

　　农民工的年龄变化可以从平均年龄看出来：2000 年，16—64 岁的农民工平均年龄为 27.5 岁，男性略高，为 28.2 岁，女性平均只有 26.7 岁；到 2005 年，农民工的平均年龄已经上升到 31.4 岁，女性则上升到 30.8 岁，相当于 5 年内，农民工平均年龄提高了约 4 岁。由于这个期间新增更年轻的农村劳动力会进入迁移行列，他们的加入会降低平均年龄，但从农民工平均年龄持续上升这个事实中，可以推断：除了 5 年前的农民工基本上没有返乡外，城镇的就业机会还吸引年龄更大的农村劳动力迁移出去。

表 2 - 2　　　　　　　不同年份的农民工年龄分布　　　　单位:%，岁

年龄组	2000 年			2005 年			2010 年
	总计	男性	女性	总计	男性	女性	总计
16—19	23.2	21.0	25.4	14.2	12.8	15.5	5.4
20—24	23.6	21.9	25.3	18.0	16.2	19.8	26.5
25—29	20.5	19.8	21.1	15.6	15.4	15.8	21.6
30—34	13.5	15.4	11.6	17.2	18.0	16.4	13.3
35—39	7.8	9.0	6.7	14.0	15.2	12.8	10.9
40—44	3.8	4.7	2.9	8.9	9.8	8.0	9.6
45—49	3.1	3.6	2.7	4.4	4.9	3.8	6.5
50—54	2.0	2.0	1.9	3.8	3.9	3.7	3.0
55—59	1.4	1.3	1.4	2.5	2.3	2.6	2.2
60—64	1.1	1.2	1.1	1.6	1.5	1.7	0.9
平均年龄	27.5	28.2	26.7	31.4	32.0	30.8	31.4

　　资料来源：2000 年和 2005 年分别为全国人口普查和 1% 人口调查数据；2010 年为国家统计局农民工监测调查数据。

2010 年的信息来自农村观测点 6.8 万户监测调查，由于统计口径不一致，会存在一定的误差，16—34 岁年龄段的农民工占总量的66.9%，低于 2000 年人口普查数据，但却略高于 2005 年的 1% 人口抽样调查数据。农民工的平均年龄为 31.4 岁，与 2005 年人口抽样调查数据一致。从理论上和经验上都可以推断：2005 年以来，城镇的劳动力短缺更加严重，雇主面对的农民工年龄会越来越大，那么，2010年的农民工平均年龄会高于 2005 年。

由于 2010 年国家统计局农民工监测调查数据是当前能够得到的最新数据，本章对这个数据做更深入的分析。与人口普查数据从目的地观察农民工不同，农民工监测调查数据是从农村出发地观察农民工，这样就能够与出发地未迁移劳动力作个对比，更准确地了解农民工的特征。依据工作特征，本章把农村出发地劳动力划分四个种类：单纯从事农业；既从事农业也从事非农业者定义为"兼业"；在出发地从事非农就业；迁移者。

由表 2 - 3 可以发现，四类劳动者的年龄特征为：从事兼业者和单纯农业者，平均年龄最大，分别为 46.5 岁和 45.8 岁，从事本地非农就业者次之，平均年龄为 42.1 岁。外出劳动力群体的年龄最小，平均为 31.4 岁。分地区看，迁移者的年龄较为稳定，东部地区的外出者平均 31.8 岁，中西部地区分别为 30.9 岁和 31.7 岁。但东部地区单纯从事农业和兼业者的年龄平均为 48.5 岁和 47.9 岁，高于中西部地区。由此也可以判断，在东部地区想进一步开发农村劳动力进入非农产业会更加困难。

表 2 - 3 依迁移距离将迁移者划分为县内迁移者、省内迁移者和跨省迁移者。可以发现，随着距离的增加，年龄变得越来越小：县内迁移者年龄最大，平均为 34.8 岁，省内迁移者次之，平均为 31.1岁，跨省迁移者只有 30.1 岁。这个年龄特征在三个地区内也基本上一致，只是东部地区跨省迁移者年龄略高于省内跨县迁移者。

从迁移距离与年龄结构的关系可以推测：大龄劳动力有更沉重的家庭负担，或者在目的地市场缺少竞争力，远距离迁移的激励减弱。近年来，招工困难和工资上升，使东部劳动密集型产业开始失去竞争

表 2 - 3　　　　　　　　　不同劳动者群体的人口特征　　　　　　单位：岁

指标	东部	中部	西部	全国
农业	48.5	46.7	43.5	45.8
兼业	47.9	47.7	44.4	46.5
本地非农	42.5	41.8	41.0	42.1
迁移者	31.8	30.9	31.7	31.4
县内迁移	34.2	34.5	36.0	34.8
省内迁移	30.3	31.8	31.6	31.1
跨省迁移	31.9	29.8	30.1	30.1
总计	42.9	41.7	40.5	41.6

资料来源：2010 年国家统计局农民工监测调查数据，本章 2010 年信息均来自这一数据。

优势，向中西部转移的态势明显呈现。应该设法促成这个产业转移，一旦劳动密集型产业向中西部转移，可以进一步开发那些大龄劳动力，进入非农就业，实现劳动力资源的优化配置。

由表 2 - 4 可以看出，在农民工群体中，总的来说，性别特征不明显，在 2000 年和 2005 年人口普查数据中，男性占 49.5%，说明城镇劳动力市场对农民工来说，性别几乎是中性的。然而，在不同的年龄阶段，性别差异还是非常显著的：在 16—24 岁阶段，男性所占的比例只有 44%—46%，直到 30 岁以上，男性所占的比例才开始占优势。在 2010 年数据中，男性在农民工总样本的比例却达到 66.3%，如此大的变化，尚不清楚是因为抽样偏差还是劳动力市场真的发生了变化。但性别结构与两次人口普查数据一致，随年龄增大，男性所占比例越高。

从婚姻状况看，2000 年，有 54.2% 的农民工已婚，到 2005 年，已婚农民工的比例上升到 66.7%，这主要是因为农民工的年龄结构变化和平均年龄提高。分年龄组看，2005 的已婚比例还低于 2000 年同一年龄组的农民工。2010 年，已婚的比例为 58.5%，低于 2005 年 1% 抽样调查数据，一方面，这个抽样调查数据的农民工年龄较低；另一方面，在 20—34 岁阶段，已婚者比例更低是个重要贡献因素。

表 2 - 4 不同劳动者群体的人口学特征 单位:%

年龄组	男性			已婚		
	2000 年	2005 年	2010 年	2000 年	2005 年	2010 年
16—19	44.7	44.6	55.2	0.5	1.3	1.0
20—24	45.9	44.4	57.4	26.0	27.8	14.3
25—29	48.0	48.9	65.3	80.2	76.9	54.1
30—34	56.6	51.9	68.8	94.5	93.8	84.3
35—39	57.0	53.7	69.5	97.6	96.6	93.3
40—44	60.9	54.7	73.0	97.8	97.1	96.9
45—49	56.9	55.4	77.0	98.5	95.7	97.8
50—54	50.7	51.0	82.9	97.6	94.1	96.9
55—59	48.2	46.8	87.1	98.3	91.4	95.6
60—64	52.0	46.7	90.7	98.6	85.1	93.0
平均	49.5	49.5	66.3	54.2	66.7	58.5

　　我们用 2010 年数据,对农村劳动力和外出农民工的人口特征做进一步的分析(见表 2 - 5)。在农村的不同劳动力群体中,单纯从事农业的劳动者以女性为主,男性的比例只有 40.2%,即使在西部,男性的比例也不到 42%,这与大多数学者的判断一致:当前的农业劳动力以女性为主,即使有一部分男性从事农业劳动,也以中老年为主,平均年龄为 45.8 岁。在本地从事非农就业或兼业方面,男性显示出显著的优势,分别占 64.2% 和 70.6%,与外出劳动力的性别结构接近。

　　从不同迁移目的地农民工群体看,都是男性占优势。县内迁移者中,男性占 68.1%,省内跨县迁移者中男性占 67.8%,而跨省迁移者中男性占 64.6%。这个性别结构与理论预期不一致:迁移距离越远,男性越占优势。在 2005 年人口抽样调查数据中,跨省迁移者中男性占 52%,而省内迁移者中,男性只有 48%。

表 2 – 5 　　　　　　　　不同劳动者群体的人口特征（2010 年）　　　　单位：%

指标	男性				已婚			
	东部	中部	西部	全国	东部	中部	西部	全国
农业	39.2	38.8	41.9	40.2	91.3	90.3	83.1	87.6
兼业	63.0	74.7	72.2	70.6	92.8	92.4	88.3	91.0
本地非农	59.9	69.3	71.9	64.2	86.9	87.8	87.8	87.3
迁移者	67.2	64.9	67.3	66.4	57.3	57.9	60.3	58.5
县内迁移	65.8	68.1	71.2	68.1	65.1	67.4	73.7	68.4
省内迁移	65.3	69.6	70.0	67.8	52.1	58.3	59.5	55.9
跨省迁移	74.2	62.8	64.2	64.6	58.0	55.7	55.7	56.0
总计	53.5	53.2	53.3	53.3	82.6	81.0	78.4	80.6

　　已婚劳动力为了照顾家庭，面对的迁移成本更高。不同群体的婚姻状况与经验认知是一致的。相对于外出劳动力而言，留守在农村的劳动力主要是已婚者，从事农业者、兼业者和非农就业者，已婚的比例在 90% 左右，远高于外出者的 58.5%。已婚劳动力即使选择迁移，也更倾向于选择离家更近的目的地。样本中，县内迁移者中已婚者达到 68.4%，随着迁移距离的增加，已婚者的比例也在下降，在跨省迁移者群体中，已婚者比例下降到 56%。

　　由表 2 – 6 可以发现，农民工的受教育程度以初中为主，按照中国的学制，大多数初中生毕业时，会年满 16 周岁，这也是中国法定劳动年龄的门槛。当农村初中生毕业时，面临着升学还是外出打工的选择，相当一部分家庭会选择让孩子外出打工。2000 年的农民工平均受教育年限为 9.3 年，男性略高于女性，达到 9.7 年。2005 年，由于城镇出现劳动力短缺和工资上涨现象，农村劳动力进一步向城镇流动，受教育水平反而出现了下降，平均受教育年限下降到 8.7 年，男性和女性都分别下降了 0.6 年。考虑到年龄队列的演进，2000 年的20—24 岁队列，到 2005 年已经演变为 25—29 岁队列，可以看出，2005 年的农民工受教育水平出现了显著下降。

　　2010 年的出发地监测调查数据显示，农民工的平均受教育年限为9.3 年，一旦考虑到出生队列这个因素，会发现受教育年限并没有显著提高。如果考虑到抽样和调查误差，再结合经验认知，则可推断，2010 年的农民工平均受教育年限可能会低于 2005 年：城镇缺工越严重，越会向受教育水平更低的农村劳动力群体开发劳动者。

表 2-6　　　　　　　　　农民工的受教育年限　　　　　　　单位：年

年龄组	2000 年			2005 年			2010 年
	总计	男性	女性	总计	男性	女性	总计
16—19	10.8	11.1	10.5	9.9	10.1	9.8	9.6
20—24	10.2	10.7	9.7	9.7	9.9	9.6	10.0
25—29	8.9	9.3	8.5	9.3	9.6	9.0	9.7
30—34	8.4	8.8	7.9	8.5	9.0	8.0	9.1
35—39	8.7	9.2	8.0	8.0	8.6	7.4	8.6
40—44	7.9	8.6	6.8	8.2	8.8	7.4	8.4
45—49	6.8	7.8	5.6	7.5	8.4	6.4	8.7
50—54	6.1	7.0	5.1	6.2	7.3	5.0	8.6
55—59	5.9	7.1	4.9	5.7	6.9	4.6	7.9
60—64	5.0	6.4	3.5	5.3	6.5	4.2	7.2
平均	9.3	9.7	8.9	8.7	9.1	8.3	9.3

资料来源：2000 年人口普查数据，2005 年 1% 抽样调查数据，2010 年农民工监测调查数据。

在这 10 年里，农民工的受教育水平没有显著提高，一方面，可以推断，中国以劳动密集型产业为主的产业结构尚未发生显著变化；另一方面，也在一定程度上暴露出经济发展的可持续问题：当劳动密集型产业难以为继的时候，必然在下一阶段出现大规模的产业升级，那时，庞大的以初中毕业生为主的农民工大军，能有效应对产业升级的挑战吗？

利用 2010 年农民工监测调查数据，我们对农村出发地不同劳动者群体的受教育状况作进一步分析（见表 2-7）。20 世纪 90 年代，农村劳动者的优先选择是本地非农就业，其次是外出打工，最差的工作是单纯从事农业（Zhao，1999）。到 2010 年，这个情况有了变化：

外出农民工的受教育年限还略高于本地非农就业者，显著高于兼业者和单纯从事农业者。在东部和中部地区，外出农民工的受教育水平显著高于本地非农就业者，但在西部地区，却略低于本地非农就业者。中西部农民工的主要迁移方向是东部省份，但对西部劳动者来说，可能会因为迁移成本更高，那些有人力资本优势的劳动者还是偏好在本地寻找非农就业机会。

在迁移者群体内，迁移距离与受教育水平之间的关系不太一致。就全国样本看，跨县迁移者和跨省迁移者的平均受教育年限都是9.3年，县内迁移者为9.4年，几乎没有差异。但在不同地区，呈现不同的特征，东部地区，县内迁移的农民工平均受教育水平最高，而跨省迁移者的受教育年限最低。这个现象不难解释：东部地区就业机会较多，农村劳动者更加偏好在本省内流动寻找工作。在中部地区，受教育水平最高的群体是省内跨县迁移者。在西部地区，经济相对落后，那些受教育水平最高的劳动者也更倾向于跨省迁移。

表2-7　　　　不同劳动者群体的人口特征：平均受教育年限　　　单位：年

指标	东部	中部	西部	全国
农业	7.9	7.7	6.7	7.3
兼业	8.4	8.3	7.7	8.1
本地非农	9.4	9.3	8.9	9.3
迁移者	9.8	9.4	8.7	9.3
县内迁移	10.0	9.4	8.5	9.4
省内迁移	9.8	9.6	8.5	9.3
跨省迁移	9.7	9.4	8.9	9.3
总计	8.9	8.4	7.5	8.2

资料来源：2010年国家统计局农民工监测调查数据，下同。

对跨省迁移的农民工来说，他们面对的是全国市场，对受教育水平有较高的要求，虽然不同地区的劳动力存在显著的受教育差异，但在跨省迁移的农民工群里中，中西部的跨省迁移者，受教育的劣势相对缩小了。

第二节　农民工流出地的区域分布

　　中国经济发展的不平衡是个基本态势，既有历史成因，也有转型进程的影响。那些经济发展水平低，在向市场经济转型过程中处于优先序列后端的省份，一直是农村劳动力流动的出发地。附表 1 报告了 2005 年 1% 人口抽样调查数据中，各个省份迁出和迁入农民工对比状况。按照迁出样本数量的多少来看，主要迁出省份为安徽、江西、河南、湖北、湖南、重庆、四川、贵州和陕西等省份。这些省份都是中西部省份。经济发展水平决定着工资水平和非农就业机会多少，附表 2 报告了各个省份 2000 年以来的人均 GDP 及其变化状况。2000 年，这些迁出地省份的人均 GDP 都在 6000 元以下。到 2005 年，虽然这个期间各省份都在高速增长，但这些出发地省份在全国经济格局中的相对地位并没有显著变化：农村劳动力迁出大省中，只有河南、湖北、湖南和重庆四个省市的人均 GDP 超过了 1 万元，江西、安徽、四川、贵州和陕西仍然不到 1 万元。农民工的主要流出地都是经济发展水平相对落后的省份，尽管这些省份近年来的增长速度更快，但尚未改变劳动力输出地的根本特征。

第三节　农民工流入地的区域分布

　　改革开放以来，东部地区一直是劳动力流动的主要目的地。这里的城镇新兴经济部门，不仅为本地区的农村劳动力提供了非农就业机会，还吸纳了大量来自中西部地区的农民工。北京、上海和天津三个直辖市，经济发展水平和收入水平一直领先于全国，是农民工的重要流入地。在转型过程中，广东、福建、浙江和江苏，增长速度快，民营经济成长迅速，创造了大量非农就业机会，也是重要的农民工流入地。2000 年和 2005 年，这些重要的劳动力迁入地人均 GDP 一直是输出地的 2 倍以上。

　　从附表 2 可看出：第一，劳动力的流入地是经济发达地区，而输出地则是相对落后地区；第二，2005 年以来，绝大多数迁入地省份增长速度比前一阶段（2000—2005 年）下降，甚至落后于输出地省份。与之相反，输出地省份增长速度更快，与迁入地省份在发展水平上的差距开始缩小。东部地区的上海和广东，2000 年人均 GDP 分别是西部贵州的 9.6 倍和 4 倍；到 2010 年，已经下降到 5.1 倍和 3.1 倍。与中部地区的河南省相比，2000 年，上海与广东的人均 GDP 分别是河南的 4.9 倍和 2 倍；到 2010 年已经下降到 3 倍和 1.8 倍。

　　中西部地区的发展水平和东部地区的差距在缩小，对劳动力的流动影响很大。2010 年，已经能看出这个新的势头[①]：中西部新进入劳动力市场的农村劳动者，开始越来越多地选择在本地区流动。图 2 – 1 比较了三个地区内迁移者的比例。把 2010 年的所有迁移者划分为两类："老迁移者"是指那些上年外出务工经商今年仍然外出务工经商者；"新迁移者"是指那些上年没有外出务工经商但本年度外出务工经商者。后一个次级群体在某种程度上代表迁移的新增人口。

　　可以看出，在东部地区，迁移者在本地区迁移（省内迁移或东部省份之间迁移）的比例分别为 96.9% 和 96.3%，显然，东部地区的劳动者在迁移时，仍把东部省份作为目的地。但中西部地区的变化非常显著：中部地区，上年度曾经外出务工经商的迁移者，目的地为本地区省份者占 35.3%；但上年度未外出但本年度开始外出的迁移者，在省内或本地区其他省份的迁移比例达到 49.8%；西部地区，两个劳动者群体地区内迁移的比例分别为 52.1% 和 73.1%。这是一个非常值得注意的现象，体现了一个增量上的变化：中西部地区的非农就业机会增加，开始越来越多地吸纳本地农村劳动者。

　　可以说，新进入迁移者行列的中西部劳动者，有一半以上在本地区迁移，在省内或邻近本地区的省份迁移。这与近年来中西部有更快

---

　　① 在 2009 年的数据中，已经看到了同样的特征：中西部地区农村劳动者外出务工时，新增劳动者更可能在本地区务工经商。

的增长速度、持续缩小与东部地区的差距密切相关。

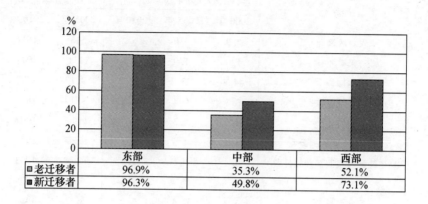

	东部	中部	西部
□老迁移者	96.9%	35.3%	52.1%
■新迁移者	96.3%	49.8%	73.1%

图 2 - 1　区内迁移的变化

资料来源：2010 年国家统计局农民工监测调查数据。

第四节　农民工就业的行业特征

在城市偏向政策干预下的城镇市场上，允许民营经济进入的行业通常是竞争性行业（张展新，2004），农民工也主要分布在这些工作时间长、工资水平低的行业。制造业、建筑业、批发零售业、住宿餐饮业和社会服务业，为大多数农民工提供了岗位。

由表 2 - 8 可以发现，2000 年，全国农民工中，有 44.4% 的人集中在制造业，到 2005 年，这个比例仍然高达 43.2%，廉价劳动力为中国赢得了"世界工厂"的声誉。建筑业吸纳的农民工比较稳定，在 2000 年和 2005 年，分别占农民工总量的 8.6% 和 8.5%。批发零售业和住宿餐饮业是吸纳农民工的两个重要行业，2000 年，这两个行业吸纳的农民工分别占农民工总量的 16.8% 和 6.9%；到 2005 年，这个比例又分别上升到 18.4% 和 7.4%。居民服务和其他服务业也是吸纳农民工的重要行业，在 2000 年和 2005 年，吸纳的比例分别为 4.6% 和 6%。

表 2-8 农民工的行业分布

行业	行业分布（%）			月平均工资（元）	
	2000 年	2005 年	2010 年	2005 年	2010 年
农林牧渔业	5.9	4.0	6.2	516	1611
采矿业	1.0	1.0	1.5	1111	1947
制造业	44.4	43.2	36.0	921	1572
电力燃气及水的生产供应业	0.5	0.4	1.0	981	1837
建筑业	8.6	8.5	18.9	1100	1907
交通运输仓储和邮政业	3.3	4.6	5.3	1228	1945
信息传输计算机服务和软件业	0.3	0.5	1.4	1268	1903
批发零售业	16.8	18.4	7.0	954	1699
住宿餐饮业	6.9	7.4	7.2	825	1490
金融业	0.5	0.3	0.3	1113	1881
房地产业	0.5	0.8	0.3	1077	1714
租赁和商务服务业	0.3	0.9	0.9	1196	1585
科学研究技术服务和地质勘查业	0.1	0.2	0.2	1431	1856
水利环境和公共设施管理业	0.6	0.4	0.3	888	1801
居民服务和其他服务业	4.6	6.0	10.8	797	1510
教育	2.1	1.1	0.7	913	1672
卫生社会保障和社会福利业	0.9	0.6	0.8	882	1593
文化体育和娱乐业	0.8	0.8	0.6	1043	1709
公共管理和社会组织	2.0	1.0	0.6	882	1735
国际组织	—	—	—	—	—
总计	100	100	100	935	1672

2010 年的数据从输出地考察农民工，与输入地得到的样本结构存在差异，主要表现为农林牧渔业的样本接近 10%，显著高于 2000 年和 2005 年人口普查或抽样调查数据。但基本的行业分布特征还是一致的。

2005 年和 2010 年的数据可以观察不同行业农民工的收入水平，最引人注目的是，这个期间，无论是总体水平还是各个行业，农民工工资出现了显著增长。2005 年，全国农民工的平均工资为 935 元，制造业这个吸纳农民工的第一大行业工资为 921 元，略低于各行业平均工资。第二大行业批发零售业平均工资为 954 元，略高于各行业的平均工资。建筑业不仅是强体力劳动而且通常需要高空作业，工资里含有补偿性工资差异成分（Borjas，2008），该行业的平均工资为 1100 元，显著高于平均工资水平。住宿餐饮业、居民服务业和其他服务业工资较低，分别只有 825 元和 797 元。2010 年样本中，农民工的平均工资提高到 1672 元。虽然数据产生过程不一致，但行业工资水平及其差异却与 2005 年人口抽样调查数据基本一致：制造业、住宿餐饮业和社会服务业的工资低于农民工总样本的平均工资，建筑业、批发零售业等行业工资高于总样本平均工资。

在比较农民工的输出地和输入地特征时我们已经发现，近年来，中西部劳动力输出地有更快的经济增长速度，发达地区与中西部落后省份的差距在缩小。这种发展水平的差距会体现到农民工工资差距上来吗？我们对三个地区的农民工工资水平进行比较。结果见表 2-9。2005 年，在东部地区工作的农民工平均月工资为 997 元，分别比中西部地区高出 237 元和 224 元；到 2010 年，东部地区农民工的月工资上升到 1684 元，分别比中西部地区高出 55 元和 69 元。三个地区的农民工工资都在增长，显然，中西部地区增长更快一些，其结果就是与东部地区工资差距缩小了。可以说，中西部地区更快速的增长已经清晰地反映在农民工工资增长上了。

由于东部地区工资成本上升给劳动密集型产业带来了极大压力，这些劳动密集型产业面临着退出东部地区的选择。这些产业能进入中西部地区吗？这取决于东部和中西部地区的工资差距能否给东部劳动密集型企业的厂商提供足够强的激励。由于这些企业主要是制造业，在此进一步比较三个地区的制造业工资差距。2005 年，东部地区的制造业平均月工资为 947 元，比中西部地区分别高出 216 元和 220 元。在 2010 年，东部地区制造业月工资上升到 1568 元，比中部地区高出 55 元，比西部地区反而要低 17 元。东部农民工工资上涨时，中西部地区也在以更快的速度上涨，反而缩小了与东部地区的差距。如果政府希望劳动密集型产业的转移在国内地区之间发生，单靠市场工资差异产生的激励，不足以吸引东部厂商大规模内迁，还要辅之于其他配套政策，如更稳定的电力、水的供应，更优惠的土地使用政策等。

表 2 - 9　　　　　不同地区（目的地）农民工的行业工资　　　单位：元

行业	2005 年			2010 年		
	东部	中部	西部	东部	中部	西部
农林牧渔业	587	500	413	1621	1700	1545
采矿业	1136	1250	964	1893	1877	2032
制造业	947	731	727	1568	1513	1585
电力燃气及水的生产供应业	1152	906	729	1922	1564	1819
建筑业	1182	937	935	1979	1948	1738
交通运输仓储和邮政业	1328	991	1188	1973	1833	1914
信息传输计算机服务和软件业	1486	874	885	2016	1583	1550
批发零售业	1071	744	795	1774	1454	1620
住宿餐饮业	917	658	672	1558	1361	1314
金融业	1306	820	742	2046	1444	1654
房地产业	1108	1133	796	1804	1603	1578
租赁和商务服务业	1290	875	911	1681	1380	1355
科学研究技术服务和地质勘查业	1499	1303	1185	1982	1698	1639
水利环境和公共设施管理业	1047	435	590	1977	1609	1591
居民服务和其他服务业	882	675	614	1570	1400	1407
教育	1023	800	781	1787	1525	1531
卫生社会保障和社会福利业	954	782	757	1734	1458	1328
文化体育和娱乐业	1152	884	691	1845	1454	1562
公共管理和社会组织	945	777	799	1963	1428	1438
国际组织	1562	—	—	—	1160	4000
平均工资	997	760	773	1684	1629	1615

第五节　结论与含义

近年来，中国已经迎来了发展阶段中的刘易斯转折点，非技术劳动者的工资水平在持续提高,同时,城镇劳动力短缺一直在持续。农村新增劳动力几乎全部进入城镇从事非农就业,而农村第一产业劳动力向非农产业转移者的年龄日渐提高,其人力资本状况也在降低。所以,东部地区产业升级的压力在持续增大。另外,社会各界寄希望于东部的劳动密集型产业能够转移到中西部去,延长旧的增长模式对增长的贡献,但本章发现,地区间农民工的工资差距在大幅度缩小,那么,劳动密集型产业向中西部转移的动力也就有所不足。对准备积极迎接这次产业转移的中西部地方政府来说,不能单纯依靠市场力量,还要出台同方向的配套政策,降低厂商的投资成本,诱导东部劳动密集型产业向中西部转移。

由于中西部地区近年来的增长速度超过了东部地区,地区发展不平衡状况正在改善,当中西部地区增长更快,就业机会增多且工资水平提高时,吸引了越来越多的年轻农民工进入本地出现的就业岗位,中西部劳动力向东部地区流动的传统模式正在发生变化。中西部地区如果能充分利用产业转移的契机,无疑会迎来新一轮的高速经济增长。但对产业迁出地东部地区来说,产业升级的压力更加沉重,这里的增长速度已经落后于中西部地区,如果不能加快发展接续性的更高技术层次的产业,无论是经济增长还是就业增长,都可能出现速度下降。

附表1		全国各省市农民工迁移状况		单位:人
省份	省内迁移者(1)	跨省迁出者(2)	省外迁入者(3)	平衡性(3)-(2)
北京	378	12	3581	3569
天津	169	26	1325	1299
河北	2218	1571	496	-1075
山西	1369	349	328	-21
内蒙古	2604	411	777	366
辽宁	2139	284	1019	734
吉林	1075	564	285	-279

续表

省份	省内迁移者（1）	跨省迁出者（2）	省外迁入者（3）	平衡性（3）-（2）
黑龙江	2031	1119	329	-789
上海	394	11	5786	5774
江苏	4898	2172	4962	2789
浙江	3998	1369	7423	6054
安徽	2811	7737	457	-7279
福建	4041	1086	3581	2495
江西	1439	4409	287	-4122
山东	4729	1695	1097	-598
河南	2002	5927	306	-5620
湖北	2833	4364	491	-3874
湖南	3488	6315	572	-5743
广东	9165	291	22046	21755
广西	1993	3857	333	-3523
海南	585	151	292	141
重庆	1416	2890	313	-2577
四川	3495	7341	344	-6997
贵州	1407	2715	414	-2300
云南	2001	637	920	283
西藏	67	1	47	47
陕西	1543	1273	385	-888
甘肃	775	702	178	-524
青海	181	39	126	87
宁夏	281	56	110	55
新疆	495	46	811	765
总计	66020	59421	59421	—

资料来源：2005 年 1% 人口抽样调查。

附表 2 　　　　　　2000—2010 年分地区发展水平和增长速度

省份	人均 GDP（元）			增长倍数		
	2000 年	2005 年	2010 年	2000—2005 年	2005—2010 年	2000—2010 年
北京	17936	44774	70251	2.5	1.6	3.9
天津	16377	35452	70402	2.2	2.0	4.3
河北	7546	14737	28108	2.0	1.9	3.7
山西	4968	12230	25448	2.5	2.1	5.1
内蒙古	5858	16327	47174	2.8	2.9	8.1
辽宁	11017	18974	41782	1.7	2.2	3.8
吉林	6798	13577	31232	2.0	2.3	4.6
黑龙江	8700	14428	26715	1.7	1.9	3.1
上海	27187	51486	73297	1.9	1.4	2.7
江苏	11405	24489	52000	2.1	2.1	4.6
浙江	12914	27435	50025	2.1	1.8	3.9
安徽	5081	8783	20611	1.7	2.3	4.1
福建	11219	18583	38914	1.7	2.1	3.5
江西	4788	9422	21170	2.0	2.2	4.4
山东	9409	20023	41147	2.1	2.1	4.4
河南	5551	11287	24401	2.0	2.2	4.4
湖北	6891	11419	27615	1.7	2.4	4.0
湖南	5733	10293	24210	1.8	2.4	4.2
广东	11181	24327	43597	2.2	1.8	3.9
广西	4567	8746	20645	1.9	2.4	4.5
海南	6579	10804	23665	1.6	2.2	3.6
重庆	5170	11255	27367	2.2	2.4	5.3
四川	4815	8993	21013	1.9	2.3	4.4
贵州	2819	5306	14258	1.9	2.7	5.1
云南	4559	7804	15707	1.7	2.0	3.4
西藏	4568	9069	16904	2.0	1.9	3.7
陕西	4607	9881	26848	2.1	2.7	5.8
甘肃	3850	7456	16107	1.9	2.2	4.2
青海	4885	10006	24000	2.0	2.4	4.9
宁夏	4725	10169	26080	2.2	2.6	5.5
新疆	7088	12956	24842	1.8	1.9	3.5

资料来源：根据《中国统计年鉴》相关年份推算。

参考文献

Borjas, G. J. (2008), *Labor Economics*, 4th, Boston: McGraw – Hill/ Irwin.

Zhao, Y. (1999), Labor Migration and Earnings Differences: The Case of Rural China, *Economic Development and Cultural Change*, 47 (4), 767 – 782.

Zhao, Y. (2000), Rural – Urban Migration in China: The Past and Present, In West, L. A. & Y. Zhao (eds.), *Rural Labor Flows in China*, Berkeley, California: Institute of East Asian Studies, University of California, Berkeley.

人力资源和社会保障部:《2010 年企业春季用工需求和 2009 年农村外出务工人员就业情况调查分析》,载蔡昉主编《中国人口与劳动问题报告 No. 11——后金融危机时期的劳动力市场挑战》,社会科学文献出版社 2010 年版。

张展新:《劳动力市场的产业分割与劳动人口流动》,《中国人口科学》2004 年第 2 期。

第三章　农户劳动力配置与劳动供给

我国是具有显著二元经济特征的国家，随着经济发展和城市化的快速进行，农村劳动力不再从事传统的农业就业，表现为更多地从事非农业的自营活动、务工活动以及外出就业。发展经济学中有许多对于农村劳动力转移或城乡人口流动的论述。刘易斯模型认为，经济的发展依赖于现代工业部门的扩张，而现代工业部门的扩张又需要农业部门提供丰富廉价的劳动力。在人口众多的发展中国家，农村劳动力十分充裕，农业劳动力的边际生产率很低，农业劳动力的收入也就处于很低的水平，只够维持自己和家庭最低限度的生活水平。而城市工业部门的工资水平则要高出农业部门很多。在城乡的工资差别下，农村劳动力会流入城市寻找工作机会。在发展中国家农村无限劳动供给的前提下，现代工业部门可以按现行不变的工资水平雇用到劳动力。这个过程一直要进行到农村剩余劳动力全部被工业部门吸收完为止。

我们知道随着我国经济的快速发展，农村剩余劳动力逐渐从事非农业就业，逐渐转移至现代经济部门。同时近年来我国普通工人的工资快速上涨，这说明我国已经到达或者接近刘易斯转折点，农村剩余劳动力不再是无限的（蔡昉、王美艳，2007）。所以本章旨在了解当前我国外出转移农民工的具体就业状况。有多少农村劳动力从事农业就业，有多少从事非农业的自营、务工以及外出就业等方面的问题。在了解当前农村劳动力的基本配置情况的基础上，探讨我国农村劳动力转移和供给的潜力，以及如何发挥对经济进一步发展支撑经济转型作用方面的政策含义。

第一节　从事农业就业情况

　　图 3 - 1 给出了不同年龄（图左）和不同受教育程度（图右）的劳动力在过去一年从事过农业活动的比例。我们发现，在过去一年从事过农业的劳动力的比例在各年龄段有很大的不同。基本的特点为年龄越大，从事过农业的比例越高。具体表现为，16—25 岁的青壮年只有不到 50% 从事过农业劳动；而对于 90% 以上的 50 岁以上的劳动力还从事着农业活动；而对于各个年龄段（20 岁以下的群体除外）来说女性从事农业的比例要高于男性，特别是对 30—40 岁这个年龄段来说。

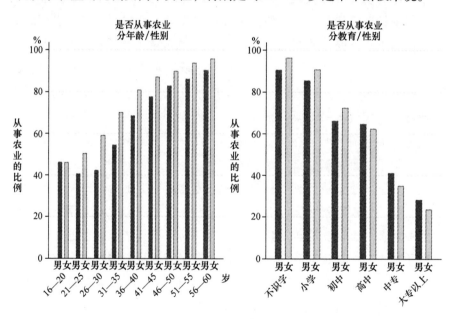

图 3 - 1　从事农业活动的比例（分年龄/分教育水平）

资料来源：2010 年国家统计局农民工监测调查。

　　而按照受教育程度分组从事农业活动的情况表示，随着劳动力受教育程度的提高，其从事农业劳动的比例显著下降。不识字的劳动力中有 90% 以上还从事农业活动（无论是男性还是女性都是如此），而具有大专以上文化程度的劳动力仅有 20%（女性）和 30%（男性）从事农业活动。而分性别的情况进一步表明，受教育程度较低（初中及以下）的群组中女性从事农业劳动的比例高于男性，而受教育程度较高的群组中（高中及以上），女性从事农业活动的比例低于男性。

　　进一步地，图 3 - 2 给出了不同年龄及不同受教育程度劳动力从事农业活动的时间。结果与图 3 - 1 是基本一致的，基本上是年龄越大、受教育程度越低，从事农业活动的时间就越多。但是对于按年龄分组的情况我们看到差别并不是很显著，像 50 岁以上的劳动力每年约有 6.5 个月从事农业活动，而 20 岁以下的劳动力每年从事农业活动的时间也约有 5.5 个月。但是我们看到，不同受教育程度劳动力从事农业活动的时间的差别就更为明显，小学及以下教育水平的劳动力每年有半年以上从事农业活动，而对于大专及以上的劳动力而言，每年从事农业活动的时间仅为 4 个月左右。而从从事农业活动的时间上看，对于各年龄组和教育组，都表现为女性从事农业活动的时间要高于男性。

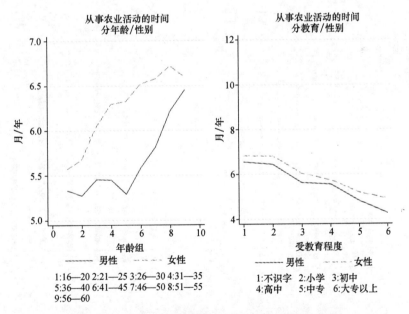

图 3 - 2　从事农业活动的时间（分年龄/分教育水平）

资料来源：2010 年国家统计局农民工监测调查。

第二节　从事非农就业的情况

一　从事非农自营的情况

接下来我们看一下农村劳动力从事非农业自营活动的情况。首先，图 3-3 给出的是各年龄组（图左）和受教育程度组（图右）劳动力中从事非农自营活动的比例。从不同年龄组的情况上我们看到（图 3-3 左），随着年龄的提高，劳动力从事非农自营的比例呈现出先提高后下降的趋势。具体来看，对于 16—20 岁的劳动力而言，只有 2% 的女性和 3% 的男性从事了非农自营活动，而后随着年龄的提高，这一比例逐渐增加；36—40 岁的劳动力，从事非农自营的比例最高，有 13% 的男性和近 8% 的女性都从事了非农自营的活动；40 岁以上的劳动力，随着年龄增长从事非农自营的比例开始下降，56—60 岁的劳动力，约有 7% 的男性和不到 4% 的女性还从事着非农自营活动。

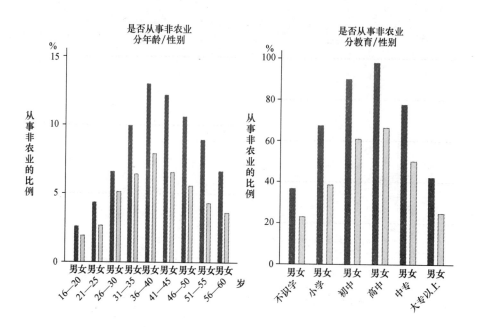

图 3-3　从事非农自营活动的比例（分年龄/分教育水平）

资料来源：2010 年国家统计局农民工监测调查。

　　我们再来看不同受教育程度劳动力从事非农自营活动的比例（图3－3右）。劳动力从事非农自营活动的比例也是随着受教育程度的提高先上升后下降。具有初中和高中教育程度的劳动力从事非农自营活动的比例最高，这两个群组中男性从事非农自营活动的比例约为9%，女性则为6%（初中）和7%（高中）左右。而受教育程度最低和受教育程度最高的群组从事非农自营的比例的相对较低，不识字的劳动力中仅有2%的女性和4%的男性从事了非农自营活动；而大专以上教育程度的劳动力有不到4%的男性和2%的女性从事了非农自营活动。两个图都显著地表明，男性从事非农自营的比例显著高于女性。

　　我们再来看一下不同群组从事非农自营活动的具体时间的情况。图3－4（左）给出了各年龄组男性和女性从事非农自营活动的时间，基本上表现为随着年龄的提高，从事非农自营的时间先增加后减少，26—45岁的劳动力从事非农自营的时间较多；女性从事非农自营的时间基本上高于男性。而分教育程度的情况表明（图3－4右），对于大专及以下的劳动力，随着受教育程度的提高，从事非农自营的时间略有提高，无论是对于男性还是女性都是这样；但对于大专及以上的劳动力，我们看到伴随着教育程度的提高，男性和女性从事非农自营的时间均大幅增加，而女性下降更明显。

二　非农务工情况

　　我们再来看一下农村劳动力从事非农务工的情况。在图3－5（左）中我们看到，在16—40岁的劳动力，基本表现为年龄越大的群组，其从事非农务工劳动力的比例越高，其中男性从事非农务工的比例明显高于女性，而且随着年龄增长，男女从事非农务工的比例都有所提高的同时，二者的差距也越来越大。16—20岁的劳动力，男性和女性从事非农务工的比例都不到10%，差距也不大，但41—45岁的劳动力，约34%的男性从事非农务工活动，而只有18%的女性从事非农务工。进一步我们看到，对年龄在40岁以上的劳动力而言，男性从事非农务工的比例变化没有太大的变化，仅仅在56岁以上略有下降；而女性从事非农务工的比例在35—45岁最高，约为18%，而后随着年龄的增长逐年下降。

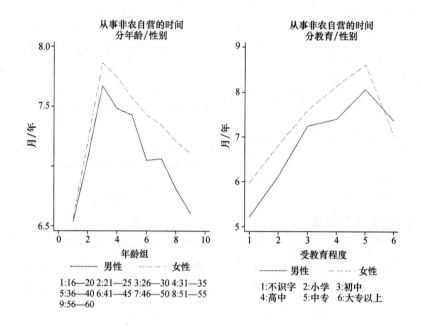

图 3 - 4 从事非农自营活动时间（分年龄/分教育水平）

资料来源：2010 年国家统计局农民工监测调查。

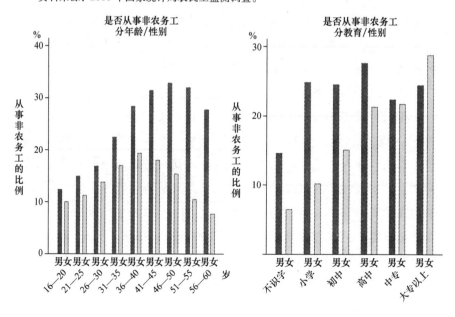

图 3 - 5 从事非农务工活动的比例（分年龄/分教育水平）

资料来源：2010 年国家统计局农民工监测调查。

我们再来看按照受教育程度分组从事农业活动的情况（图3-5右）。不识字的劳动力从事非农务工的比例很小，仅有14%的男性和8%的女性从事非农务工活动。对于男性而言，其受教育程度在小学以上的劳动力，不同受教育程度的群组中从事非农务工的比例并没有显著差异，几乎都在25%—30%左右；而女性则不然，表现为随着受教育程度的提高，其从事非农就业的比例就越大，大专以上教育程度的女性有30%都从事了非农务工活动，这一比例甚至超过了该教育群组的男性的情况（约为27%）。

从图3-6中我们看到，总体而言女性从事非农务工的时间要多于男性。但对于男性和女性，其在不同年龄段从事非农务工的时间的表现有所不同（图3-6左）。总体而言，在20岁以上随着年龄的增长从事非农务工的时间逐渐减少，在21—25岁的阶段从事非农务工的时间最多（每年有7个月以上从事非农务工），然后逐年减少。从分教育程度的情况上我们看到，无论对于男性还是女性，都表现出受教育程度越高，从事非农务工的时间越长，大专及以上的劳动力每年近9个月在从事非农务工；而这一比例对于不识字的劳动力群体仅仅在3%—4%左右。

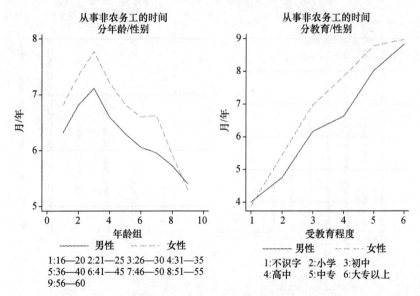

图3-6 从事非农务工活动时间（分年龄/分教育水平）

资料来源：2010年国家统计局农民工监测调查。

第三节 外出就业情况

我们再来关注一下农村劳动力外出就业的情况。可以发现，总体而言，外出就业与年龄呈现负相关关系（图 3－7 左）。我们看到 21—25 岁年龄组的劳动力中，男性有 60% 都有外出就业行为，女性外出就业的比例低于男性，有一半左右外出就业；男性和女性外出就业比例上的差异在 30—40 岁的群体最为明显。而无论是男性还是女性，其从事外出就业的比例都随着年龄提高而下降。而从按照受教育程度分组的情况上看，总体而言，受教育程度越高，外出就业的劳动力比例越大。但是对于初中和高中水平的劳动力而言，两个群体的差异不大，中专和大专以上两个群体的差异也不大。具体而言，不识字的劳动力中仅有 15% 的男性劳动力和不到 5% 的女性劳动力外出就业，而对于中专、大专以上的劳动力而言，无论是男性还是女性都有一半左右从事外出就业。

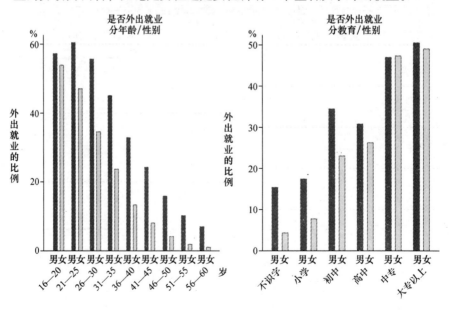

图 3－7 外出就业的比例（分年龄/分教育水平）

资料来源：2010 年国家统计局农民工监测调查。

　　进一步地，我们来看各群体外出就业时间的情况（见图 3－8）。从分年龄组的情况上我们看到，在 30 岁之前的年龄组，外出就业的时间并无显著差别，每年约有 9 个月外出从事就业。30 岁以后，无论是男性还是女性外出就业的时间都开始下降。而对于 46 岁及以上的群体，女性外出就业的时间略高于男性。从按教育分组的情况上看，教育程度越高的劳动力外出就业的时间越长，对于高中及以上教育程度的劳动力而言，男性和女性外出从事就业时间的差别不大；而教育程度较低的初中及以下的劳动力，女性从事外出就业的时间要高于男性。

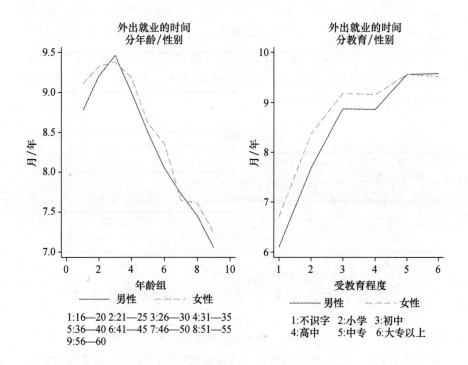

图 3－8　外出就业的时间（分年龄/分教育水平）

资料来源：2010 年国家统计局农民工监测调查。

　　应该说中国农村劳动力向城市地区和非农部门的流动是人类历史上规模最大的迁移现象。一般来说，离开农业从事非农业的劳动力的受教育程度相对较高。这是因为，总体而言受教育程度高的人对改善当前处境的愿望比较强烈，对劳动力市场的信息更加敏感。同时，受教育程度高的人在劳动力市场的回报也更明显，从迁移中获得的收益也更大。所以，农村向城市的迁移者往往具有较高的受教育程度。从前面我们给出的各种描述性的事实中可以看到，总体而言，较为年轻、受教育程度较高劳动力已经有相当的部分不再从事传统的农业活动，更多地从事非农业的自营活动、务工活动或者是外出从事就业，像大专以上农村劳动力中只有不到30%还从事着非农就业。

我们可以关注一下农村劳动力外出就业的一些具体状况。图3－9给出了农民工在返乡前从事就业的行业情况。我们看到，农业、制造业和建筑业是农民工外出就业最集中的三个行业，其中从事建筑业的比例最高，约为35%，其次是制造业，在20%以上。这样看来，农民工外出从事的就业主要还是集中在那些对教育程度和技能要求不高的一些行业。

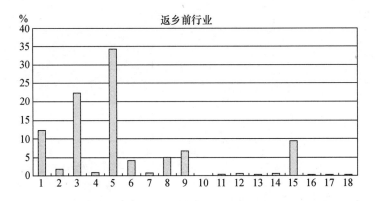

图 3－9　外出就业的行业分布

注：行业代码：1. 农、林、牧、渔业　2. 采矿业　3. 制造业　4. 电力、燃气及水的生产和供应业　5. 建筑业　6. 交通运输、仓储和邮政业　7. 信息传输、计算机服务和软件业　8. 批发和零售业　9. 住宿和餐饮业　10. 金融业　11. 房地产业　12. 租赁和商务服务业　13. 科学研究、技术服务和地质勘查业　14. 水利、环境和公共设施管理业　15. 居民服务和其他服务业　16. 教育　17. 卫生、社会保障和社会福利业　18. 文化、体育和娱乐业

资料来源：2010年国家统计局农民工监测调查。

　　从地区的分布上看，广东是最大的劳务输入地，外出到广东就业的农民工占到全部外出农民工数量的 27%，接下来是浙江，有 10% 以上的农民工外出到浙江就业（见图 3 - 10）。总体而言，农民工外出就业的地区主要是东部沿海地区。

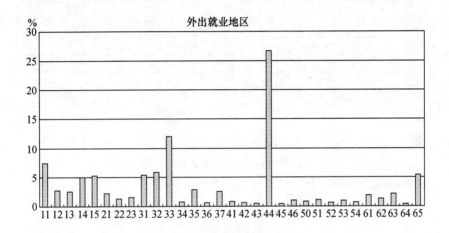

图 3 - 10　外出就业的地区分布

注：地区代码：11——北京　12——天津　13——河北　14——山西　15——内蒙古　21——辽宁　22——吉林　23——黑龙江　31——上海　32——江苏　33——浙江　34——安徽　35——福建　36——江西　37——山东　41——河南　42——湖北　43——湖南　44——广东　45——广西　46——海南　50——重庆　51——四川　52——贵州　53——云南　54——西藏　61——陕西　62——甘肃　63——青海　64——宁夏　65——新疆

资料来源：2010 年国家统计局农民工监测调查。

　　从农民工外出就业的职业上看（见图 3 - 11），农民工更多地从事农业和生产服务等职业，其中从事生产、运输设备操作的占到 35% 及以上。并且我们还了解到有近 70% 的农民工外出就业并没有签订劳动合同，其就业有相当大的不稳定性和非正规的特点。

　　图 3 - 12 给出的返乡农民工的就业打算显示，大部分农民工返乡后打算继续从事本地务农或者没有确定的就业打算。

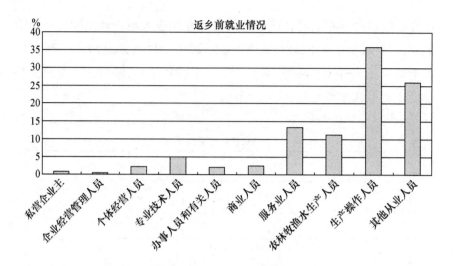

图 3-11　外出就业的职业分布

资料来源：2010 年国家统计局农民工监测调查。

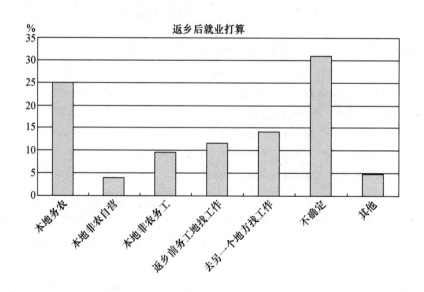

图 3-12　返乡人员的就业打算

资料来源：2010 年国家统计局农民工监测调查。

第四节　结论

应该说农村劳动力从农业部门转移出来，流向城市和工业部门，这种转换既提高了劳动力资源的配置效率，又推动了城市化发展，为过去几十年中国经济的快速发展做出了极大的贡献。从前面的描述我们看到，当前农村劳动力很多都已不再从事传统的农业活动，其中除了非农务工以外，从事非农自营的农村劳动力的份额也很高，外出就业的农村劳动力比例很大，特别是对于年轻劳动力而言，其外出就业的比例以及外出就业的时间都很多。更多的农村劳动力都从事非农就业，成为非农经济重要的劳动力供给源泉。同时我们看到，外出就业的农村劳动力还主要以年轻的劳动力为主体。此外，从流动的区域上看，农村劳动力的转移基本上还是集中于东部沿海地区。

从我国农村劳动力的转移和流动的现状中可以看到存在的主要问题。一方面，我国存在数量巨大的农村劳动力，其中，已经有相当的部分离开了传统的农业就业，从事非农业的自营活动、务工活动以及外出就业。但是我们看到，这些转移的劳动力更多地还是从事对于技能和教育水平要求不高的行业职业，其就业稳定性较差。存在素质偏低、技能水平不高等方面问题，难以适应进一步转移就业的要求。同时随着农村剩余劳动力逐渐转移至制造业集中的东部沿海发达地区，而沿海地区进一步发展所需的劳动力供给很难实现，故而近年来频频出现"用工荒"现象。所以说总体上看，我国农村劳动力的转移存在两个方面的问题。一个是转移劳动力的受教育水平素质难以满足经济进一步发展和产业升级的需要，另一个是随着剩余劳动力的逐渐转移，东部沿海地区很难再获得进一步发展所需的劳动力。

我们认为，要解决这两个问题，首先要改善农村劳动力的技能和素质。可以说，农村劳动力的素质和技能问题，成为制约当前农村劳动力转移的重要因素。所以我们需要发展农村的教育以匹配产业结构升级的需要，进而带来生产率的改善和经济的增长。我们做过相应的测算，发现教育每提高 1 年，劳动生产率就会上升 17%（蔡昉、曲玥，2010）。但同时我们知道，教育是针对特定年龄人口的，主要针对的是 6—25 岁的人口队列，所以，受教育群体的增量变化所带来的全部劳动年龄人口受教育程度的总体存量变化是相对缓慢和滞后的。那么，这也就决定了依靠教育发展来拉动劳动生产率，其效果更多地要在较长的期限内才可以发挥出来。这样一来，若想在短期内达到较好的拉动生产率的效果，我们就必须找到其他较为灵活的可以针对更广泛年龄人口的方式来替代教育的作用。相对于教育对劳动者综合素质的提高，培训作为同样可以提高劳动者生产能力的另一种方式，其更加具有针对性和时效性。教育是劳动者在进入劳动力市场之前接受的义务教育和非义务教育阶段，其重点是系统学习自然科学、社会科学等知识，为未来的就业打好基础。职业培训则是劳动者在进入劳动力市场之后，到达就业岗位之前或之后的一种继续教育，学习内容主要是与工作岗位有关的知识、技能，并可以根据企业的具体需求和经济、社会、科技发展水平的变化不断更新，从而提高工作的适应性。所以说对于农村劳动力，特别是学龄以上的劳动力我们可以积极发挥职业培训的作用，将培训年龄较大的劳动力与发展基础教育结合在一起，分别在短期和长期发挥其改善农村劳动力素质、促进转移为经济发展提供劳动力供给的作用。

此外，随着东部沿海地区的发展，其面临产业结构升级的需要，那么，大量的劳动密集型产业可以向成本更低的中西部内陆地区转移。而且我们看到，自从 2004 年首次出现"用工荒"现象（曲玥等，2013），中国经济逐渐步入刘易斯转折阶段以后，从 2005 年开始，制造业特别是其中的劳动密集型产业已经开始出现从东部沿海地区向中西部内陆地区转移的现象。应该说，这样的现象有利于缓解当前在许多区域频繁出现的"用工荒"现象。我们知道，当前很多转移的劳动力都是从内陆地区来到沿海地区打工的年龄较轻的易于转移的劳动力。那么，如果产业能够从东部沿海地区转移到中西部地区的话，可能会有更多的年龄略大不易于从内陆转移到沿海地区的劳动力也可以从农村转移出来，就近在本区域的城市部门就业，这样可以进一步挖掘转移劳动力的潜力。从这个角度来看，改善中西部地区的投资环境，积极引导产业特别是劳动密集型产业向中西部内陆地区的转移，也可以在一定程度上提高可供转移农村劳动力的数量。

参考文献

蔡昉、曲玥：《企业生产率、职工素质与教育/培训》，载蔡昉主编《中国人口与劳动问题报告 No. 11——后金融危机时期的劳动力市场挑战》，社会科学文献出版社 2010 年版。

蔡昉、王美艳：《劳动力成本上涨与增长方式转变》，《中国发展观察》2007 年第 4 期。

曲玥、蔡昉、张晓波：《"飞雁模式"发生了吗？——对 1998—2008 年中国制造业的分析》，《经济学》（季刊）2013 年第 3 期。

第四章 农民工工资分布与特征

2003 年以来，"民工荒"或广义地说劳动力短缺现象持续出现，农民工工资自此之后逐年上涨；同时，劳动力市场总体上将呈现工资趋同（蔡昉、都阳，2011）。除了农民工工资与城市户籍职工的工资趋同外，实际上，不同地区的农民工工资和行业工资也出现了趋同现象。为此，我们采用国家统计局农民工监测调查数据分别观察不同类型农民工工资的分布和特征。

第一节 农民工工资变化的总体趋势

首先，我们对农民工总体的工资水平变化趋势和地区差异、行业差距、年龄差异和受教育水平的差异进行对比，进而可以从总体上描述出中国农民工工资水平的一般变化趋势和总体特征。根据《中国农村住户调查年鉴》可以计算出中国农民工的名义工资增长率，以及除去通货膨胀因素后的实际工资增长率。从图 4-1 中我们看到，2002 年至今农民工工资的实际增长率平均在 5%—10%（除去 2008 年金融危机的影响）。而根据《中国统计年鉴》计算得到 2002—2009 年通货膨胀率都在 5% 以下（除去 2008 年）。农民工工资增长率要超过官方公布的通货膨胀率。但是我们也注意到，在相同的时期内，城镇在岗职工的工资增长率要远高于农民工工资增长率（除去 2008 年）。从宏观总体来看，中国农民工工资的上涨速度依然没有超越城镇职工的工资上涨速度。

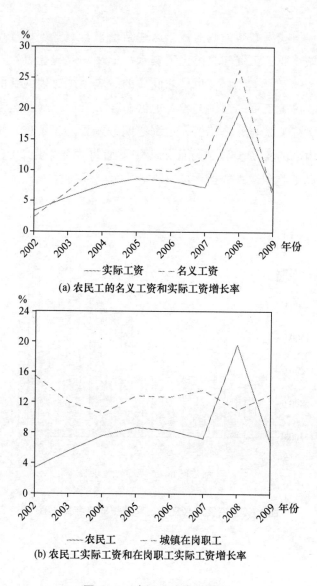

(a) 农民工的名义工资和实际工资增长率

(b) 农民工实际工资和在岗职工实际工资增长率

图 4-1 农民工工资增长率

　　如果我们比较各个时期的农民工名义工资水平和城镇职工的名义
工资水平不难发现，农民工的工资水平与城镇职工的工资水平之间的
差距并没有缩小的趋势（见图 4-2）。通过计算发现，2002 年城镇职
工工资是农民工工资水平的 1.57 倍；到了 2009 年城镇职工工资与农
民工工资之比达到了 1.93。城镇职工和农民工之间的工资收入差距仍

然在扩大。但我们必须强调的是，这些结论来自宏观统计数据，我们只能比较城镇职工工资和农民工工资水平的平均差异。事实上，农民工群体内部的工资上涨幅度也是非同质的。农民工群体内部的差异主要表现为农民工工资的性别差异、地区差异、行业差异甚至是农民工群体内部熟练工人与非熟练工人工资之间的差异。为了进一步揭示农民工群体内部的工资差异和特征，我们下面将主要采用2010年国家统计局农民工监测调查数据做进一步分析。

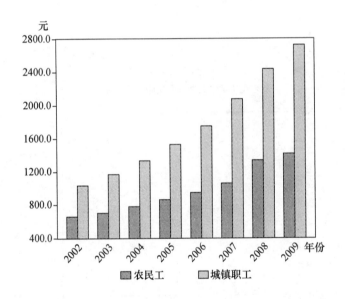

图 4-2　农民工名义工资和城镇职工名义工资

第二节　农民工工资变化的群体特征

一　农民工工资的性别、地区和行业差异

根据2010年国家统计局农民工监测调查数据的计算结果，我们发现样本期间内中国农民工工资平均水平为1659元/月，其中男性农民工的平均工资是1774元/月；女性农民工的平均工资是1432元/

月。性别工资差异现象也同样在农民工群体中得到了体现。进一步观察农民工工资的地区差异发现：东部地区的农民工工资水平为1683元/月，中部地区的农民工工资水平为1635元/月，西部地区的农民工工资水平为1612元/月，东部地区工资水平要略高于中西部地区（见表4-1）。这一结果符合我们的理论预期。但是从分行业的角度看，在制造业、服务业中，虽然东部地区的农民工工资水平最高，但西部地区的农民工工资水平却要高于中部地区。同样，男性农民工的总体区域工资特征也表现出东部高于中部和西部。但是，女性农民工在西部的工资收入要平均高于中部地区的工资收入。

表4-1 　　　　　　　　农民工工资的地区和行业差异　　　　　　　单位：元/月

行 业	总 体	地 区		
		东 部	中 部	西 部
全部农民工				
总 体	1659	1683	1635	1612
1. 农、林、牧、渔业	1702	1887	1925	1542
2. 采矿业	1945	1890	1884	2055
3. 制造业	1557	1564	1508	1563
4. 电力、燃气及水的生产供应业	1755	1893	1567	1739
5. 建筑业	1874	1970	1938	1717
6. 服务业	1623	1717	1476	1505
男性农民工群体				
总 体	1774	1797	1771	1724
1. 农、林、牧、渔业	1826	2081	1937	1602
2. 采矿业	1994	1947	1927	2095
3. 制造业	1640	1645	1604	1658
4. 电力、燃气及水的生产供应业	1781	1916	1621	1752
5. 建筑业	1919	2017	1967	1763
6. 服务业	1770	1853	1635	1668
女性农民工群体				
总 体	1432	1483	1315	1329
1. 农、林、牧、渔业	1480	1403	1894	1459

续表

行　业	总　体	地　区		
		东　部	中　部	西　部
	女性农民工群体			
2. 采矿业	1481	1435	1502	1572
3. 制造业	1435	1448	1349	1373
4. 电力、燃气及水的生产供应业	1586	1775	1142	1617
5. 建筑业	1523	1598	1568	1440
6. 服务业	1410	1518	1259	1262

资料来源：根据国家统计局农民工监测调查资料计算。

　　事实上，根据统计数据计算得到的工资水平仅仅是 2010 年的名义工资，如果考虑到不同地区的生活成本，从实际购买力角度来看，中西部地区的实际工资水平很可能超过了东部地区。需要强调的是，我们仅仅比较的是纯粹的工资水平，统计数据中并不能反映出工作机会、发展潜力，甚至培训机会等软因素，这些因素也同样影响着工人对工作地点的最终选择。此外，单从农民工的区域总体工资水平上，也不能反映出不同类型农民工（性别、年龄、行业、技能等）在不同地区的工资收入差异，而只有从这些细分类型后的农民工工资水平差异中才可能发现隐含其中的经济学含义。

　　此外，农民工在不同行业的工资收入水平也存在差异。采矿业和建筑业的农民工工资收入最高，平均月工资水平分别为 1945 元和 1874 元；在服务业工作的农民工工资收入水平次之，每月收入约为 1623 元，略高于制造业农民工工资收入；制造业行业中工作的农民工工资收入水平最低，每月的工资收入约为 1557 元。如果我们观察不同地区的农民工工资收入水平会得到一些与全国样本不一致的结论：首先，经济越发达的地区，制造业农民工工资相对于其他行业的农民工工资水平越低。例如，虽然在 2010 年样本中，制造业农民工工资收入的地区排序是东部地区高于中西部地区，但是，在东部地区，相比其他行业，在制造业中工作的农民工工资水平最低；在中部地区，

制造业农民工工资水平要高于服务业农民工工资水平，在行业排序中
并不是工资收入水平最低的行业；同样，在西部地区，制造业农民工
工资收入不仅高于服务业农民工工资水平，也高于农、林、牧、渔业
农民工工资水平，在行业工资排序中位于倒数第三。其次，与第一点
结论相似，东部地区在服务业工作的农民工工资收入要高于制造业；
相反，在中西部地区，制造业的工资收入要高于服务业。这一结论也
能够在女性农民工群体中得到证实；但是在男性农民工样本中，服务
业工资水平都要高于制造业工资水平。

二　农民工工资的年龄差异

　　根据 2010 年国家统计局农民工监测调查数据计算发现，2010 年
农民工工资收入在年龄分布上呈现出了比较明显的"倒 U 形"特点。
在 16—35 岁，农民工的月工资收入逐渐增加；35—50 岁是农民工工
资收入的顶峰，特别是 45—50 岁的农民工工资水平最高，从全国样
本来看，这一年龄段的农民工工资水平为 1851 元/月；50 岁之后农民
工的工资收入开始下降（见表 4 - 2）。中国的东部、中部和西部地区
都分别存在这样的工资年龄分布特征。但是我们却发现，东部地区的
农民工工资收入峰值在 45—50 岁，平均收入约 1942 元/月；但是中
部和西部地区的农民工工资收入峰值在 40—45 岁，平均收入分别为
1873 元/月和 1763 元/月。男性农民工的年龄工资分布特征与总样本
得到的结论一致，虽然女性农民工的年龄工资分布也呈"倒 U 形"
的特征，但是其峰值明显提前很多。

　　从表 4 - 2 中看到，东部地区农民工的工资峰值要比中西部地区
的工资峰值平均推迟 5 年。如果从供需角度来看，这种现象很可能是
由于东部地区对农民工的需求更大，或者说在供求关系中，在东部地
区农民工的供给小于企业的需求。如果从人口老龄化的角度来看，这
也可能反映出东部地区人口老龄化程度要高于中西部地区。无论上述
哪种因素起了主导作用，反映在农民工工资收入上都是东部地区年龄
在 45—50 岁的农民工工资收入要高于中西部地区 40—45 岁的农民工
工资收入。但是我们在上述分析过程中也遗漏了另一个关键因素，即
东部地区与中西部地区的行业分布存在差异。此外，由于不同行业在

"年龄—工资收入"曲线上可能存在差异（峰值不同），因此，即使在上述两个因素完全相同的情况下，由于不同地区的行业构成并非同质，如果"年龄—工资收入"图偏右的行业在某一个地区的产业构成中占比更高，或者说如果某个地区更依赖于"年龄—工资收入"图中峰值偏右的行业，那么在其他因素一定的情况下，这个地区也可能呈现出类似"人口老龄化"和"需求过度"问题出现时体现在工资收入中的一些特征。但是需要注意的是，反映在行业上的"年龄—工资收入"差异，可能正是由"供需"引起的特征，即最后一种影响因素并非是独立的。

表 4 – 2　　　　　　　　农民工工资的年龄差异　　　　　单位：元/月

行业	总体	地区		
		东部	中部	西部
全部农民工				
总体	1659	1683	1635	1612
16—20 岁	1351	1391	1242	1309
20—25 岁	1505	1540	1410	1453
25—30 岁	1677	1701	1644	1611
30—35 岁	1725	1736	1816	1643
35—40 岁	1798	1824	1787	1757
40—45 岁	1840	1871	1873	1763
45—50 岁	1851	1942	1805	1719
50—55 岁	1764	1859	1741	1607
55—60 岁	1630	1691	1577	1572
60—65 岁	1468	1552	1351	1423
65 岁以上	1395	1625	1178	1161
男性农民工群体				
总体	1774	1797	1771	1724
16—20 岁	1406	1429	1332	1415
20—25 岁	1592	1614	1533	1561
25—30 岁	1767	1784	1747	1727
30—35 岁	1839	1849	1941	1754

续表

行业	总体	地区		
		东部	中部	西部
男性农民工群体				
35—40 岁	1925	1961	1912	1869
40—45 岁	1984	2041	2016	1870
45—50 岁	1987	2102	1954	1825
50—55 岁	1850	1961	1805	1692
55—60 岁	1687	1764	1616	1625
60—65 岁	1507	1587	1412	1447
65 岁以上	1466	1709	1258	1149
女性农民工群体				
总体	1432	1483	1315	1329
16—20 岁	1284	1351	1106	1131
20—25 岁	1388	1445	1252	1262
25—30 岁	1508	1554	1427	1358
30—35 岁	1474	1500	1472	1390
35—40 岁	1510	1551	1415	1461
40—45 岁	1450	1486	1372	1407
45—50 岁	1395	1500	1194	1271
50—55 岁	1338	1430	1255	1188
55—60 岁	1245	1317	1151	1090
60—65 岁	1090	1220	666	1200
65 岁以上	939	1026	675	1242

资料来源：根据国家统计局农民工监测调查资料计算。

三　农民工工资的教育程度差异

从统计结果中发现，随着受教育程度的不断提高，农民工的工资收入水平也呈现了逐步上升的趋势。表 4 - 3 的结果显示，仅有小学及以下文化程度的农民工月工资收入为 1560 元；初中文化程度的农民工月工资收入为 1650 元；教育程度在高中和中专水平的农民工月工资收入为 1677 元；文化程度达到大专以上学历的农民工月工资收

入为 1975 元。相同的情况也能够在制造业和服务业的样本中得到证
实。这个结果也说明，教育程度与工资收入水平呈正相关关系的基本
事实同样也适用于农民工群体。特别值得注意的是，初中文化程度的
农民工和高中文化程度的农民工工资水平非常接近，小学及以下文化
程度的农民工工资收入水平也只是略低于初中文化程度的农民工，但
是，高中文化程度和大专及以上文化程度的农民工工资差距相对较
大，工资水平平均高出 17.77%。

表 4－3 农民工工资的行业差异 单位：元/月

行业	小学及以下	初 中	高中和中专	大专及以上
全部农民工				
总 体	1560	1650	1677	1975
1. 农、林、牧、渔业	1595	1717	1860	2028
2. 采矿业	1740	1974	2070	2266
3. 制造业	1453	1534	1623	1880
4. 电力、燃气及水的生产供应业	1623	1721	1704	2156
5. 建筑业	1686	1926	1905	2337
6. 服务业	1483	1596	1634	1974
男性农民工群体				
总 体	1673	1771	1777	2086
1. 农、林、牧、渔业	1737	1797	2012	2518
2. 采矿业	1788	2023	2097	2311
3. 制造业	1527	1618	1686	1940
4. 电力、燃气及水的生产供应业	1718	1747	1720	2206
5. 建筑业	1738	1967	1936	2373
6. 服务业	1642	1745	1769	2111
女性农民工群体				
总 体	1380	1405	1458	1793
1. 农、林、牧、渔业	1426	1555	1409	679
2. 采矿业	1429	1487	1594	1600
3. 制造业	1390	1414	1496	1756
4. 电力、燃气及水的生产供应业	1281	1547	1522	1988

续表

行业	小学及以下	初 中	高中和中专	大专及以上
	女性农民工群体			
5. 建筑业	1449	1541	1531	2190
6. 服务业	1330	1367	1426	1792

资料来源：根据国家统计局农民工监测调查资料计算。

第三节 农民工工资分布特征

一 农民工工资分布的地区比较：东部和中西部

为了更直观地比较不同类型农民工的工资差异，我们主要采用工资分布图来描述中国农民工的工资分布特征，并发现其存在的差异。首先，我们对不同地区的农民工工资分布特征进行比较。由于不同性别的农民工工资水平存在差异，因此我们在对比的过程中将控制性别差异，进而对农民工的地区工资分布差异做出比较。图4-3中左图代表男性农民工在东部地区和中西部地区的工资分布特征；右图代表女性农民工在东部地区和中西部地区的工资分布特征。其中，实线代表东部地区；虚线代表中西部地区。图4-3可以直观反映出，在2010年的农民工样本中，对于所有行业而言，东部地区和中西部地区的工资分布基本相同，没有明显的差异。表现在图中的特点是，实线和虚线基本重合。依照相同的方法，我们进一步比较细分行业的农民工工资分布特征。首先我们比较制造业农民工工资分布是否存在地区差异。我们发现对于制造业而言，东部地区农民工的工资收入分布与中西部地区也十分接近。同样，在服务业中，东部地区与中西部地区的农民工工资分布也没有非常明显的差异，微弱的差异只反映在工资收入水平上，东部地区服务业的整体收入水平要高于中西部地区。

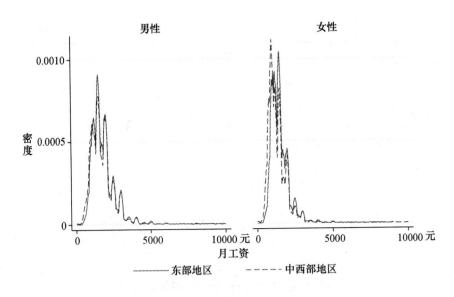

图 4 - 3   农民工工资分布的地区比较

资料来源：根据国家统计局农民工监测调查资料计算。

二   农民工工资分布的行业比较：制造业和服务业

通过上述分析，我们发现农民工的区域工资分布的差异并不明显；或者说农民工的工资收入在区域之间趋同。下面我们主要观察不同行业的农民工的工资分布是否存在差异。为了简化分析过程，使结果更加直观，我们仅保留制造业和服务业两类行业。同样，由于不同性别的农民工工资水平存在差异，因此我们在对比的过程中将控制性别差异，进而对农民工的行业工资分布差异做出比较。图 4 - 4 中左图代表男性农民工在制造业和服务业中的工资分布；右图代表女性农民工在制造业和服务业中的工资分布差异。其中，实线代表制造业；虚线代表服务业。图 4 - 4 可以直观反映出，在 2010 年的农民工样本中，对于所有地区而言，制造业和服务业的工资分布基本相同，没有明显的差异。

三   农民工工资分布的性别比较：男性和女性

这一部分我们主要分析农民工的工资分布是否存在性别差异。同样，我们将控制制造业和服务业的工资差异，进而对农民工的性别工

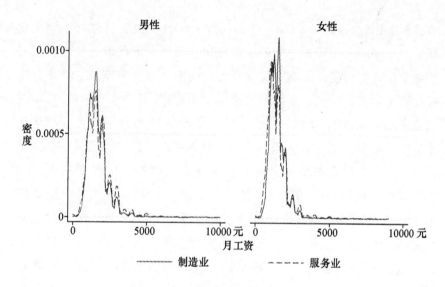

图4－4　农民工工资分布的行业比较

资料来源：根据国家统计局农民工监测调查资料计算。

资分布差异做出比较。图4－5（a）中左图代表制造业中农民工的性别工资分布；右图代表服务业中农民工的性别工资分布差异。其中，实线代表男性；虚线代表女性。图4－5（a）可以直观反映出，在2010年东部地区农民工样本中，男性农民工工资分布和女性农民工工资分布非常接近。但是，我们观察中西部地区的性别工资分布时发现：图4－5（b）中男性农民工的工资分布整体偏右侧，而且从图中发现男性农民工的工资收入差距要大于女性农民工的工资收入差距。表现为男性农民工的工资分布更为扁平。从性别工资分布差异的地区比较中我们看到这样的事实，经济越发达的地区，男性与女性的工资分布特征越接近，说明工资性别歧视程度越低；相反，在经济比较落后的中部和西部地区，男性的工资普遍高于女性；而且男性农民工之间的工资收入差距也要大于女性农民工之间的工资收入差距。

四　农民工工资分布的教育程度比较

这一部分我们主要分析农民工的工资分布是否存在教育程度之间的差异。同样，由于不同性别的农民工工资水平存在差异，我们在对比的过程中将控制性别差异，进而对农民工在教育程度上的工资分布差异做出比较。图 4 - 6（a）中左图代表男性农民工群体在小学文化程度以及高中文化程度之间的工资分布差异；右图代表女性农民工群体在小学文化程度以及高中文化程度之间的工资分布差异。其中，实线代表小学文化程度；虚线代表高中文化程度。图 4 - 6（a）可以直观反映出，在 2010 年的农民工样本中，对于所有地区而言，小学文化程度的农民工的工资分布与高中文化程度的农民工工资分布基本重合；对比小学文化程度的农民工工资分布与初中文化程度的农民工工资分布我们得到了基本相似的结论。这一现象很可能是由企业的用工需求引起的，即企业对农民工的主要需求方向仍然是简单的体力劳动；对企业来说，高中学历的农民工与小学文化程度的农民工都主要从事低技能的工作，甚至是相同岗位的工作。因此，反映在统计数据上的情况是，对高中以下文化程度的农民工而言，教育程度并不影响最终的工资收入。关键的问题仍然是，高中学历的农民工仍然不能从事较高技能的生产活动，从企业的角度来看，高中学历的农民工与初中文化程度或者小学文化程度的农民工基本是同质的。

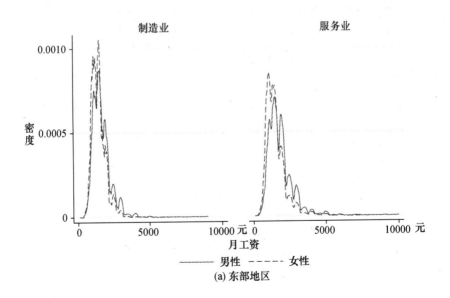

(a) 东部地区

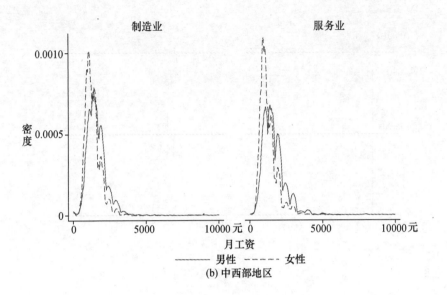

图 4－5　农民工工资分布的性别比较

资料来源：根据国家统计局农民工监测调查资料计算。

　　但是我们从图 4－6（b）中看到，大专以上教育程度的农民工与小学文化程度的农民工存在明显的工资收入分布差异。可以概括为两

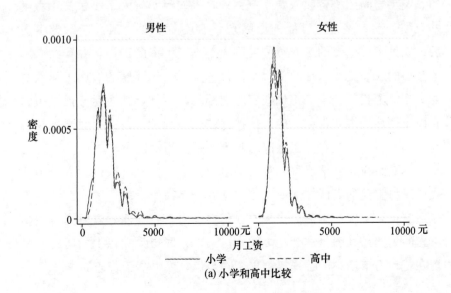

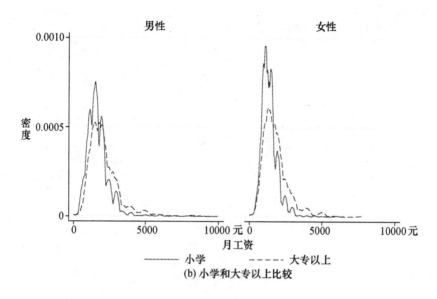

图 4-6 农民工工资分布的教育程度比较

资料来源：根据国家统计局农民工监测调查资料计算。

个方面：第一，大专以上学历的农民工收入明显比小学文化程度的农民工收入更高，表现为收入分布图更偏向右侧；第二，大专以上学历的农民工之间的工资收入差距更大，收入差距明显大于小学文化程度的农民工收入差距。可能的原因是，受教育程度达到大专以上学历后，农民工可选择的工作范围要更大。不同类型的工作将导致大专以上学历的农民工收入差距更大。但是，小学文化程度的农民工可选择的工作范围相对较窄。正如我们之前提到的那样，企业对于低学历的农民工往往提供非常单一的、低技能的工作岗位，因此，对于低技能的工作岗位而言，农民工之间的收入差距会相对较小。

从上面的分析结果可以有以下启示：第一，没有取得大专学历的农民工将主要从事低技能的工作；这首先是由于低学历的农民工并不能适应更高层次的工作岗位需要，其次是由于企业雇用农民工时主要考虑的仍然是其廉价的劳动力成本。第二，取得大专以上学历的农民工在劳动力市场中的选择机会更多，工作收入也高于普通的农民工。

第四节 农民工工资趋同的经验分析结果

一 经验分析方程

虽然农民工在总体上代表了非熟练工人群体，但是，该群体内部在人力资本特征上也存在着比较明显的差异（蔡昉、都阳，2011）。同时，农民工在不同地理区域内的工资趋同问题也是一个非常值得研究的问题。如果高技能和低技能的农民工工资没有显著差异，将可以说明企业对低技能的农民工的需求大于供给；或者从某种程度上也反映了所谓高技能农民工的技能水平并没有显著高于低技能农民工的技能水平，甚至是这两类农民工的工作类型没有显著差别。诸如此类问题非常值得我们从经验分析结果中找到答案。因此，为了分析农民工群体内部在性别、地域和技能水平上的工资趋同问题及其隐含其中的经济学含义，我们可以在经典的 Mincer 方程中分析上述问题。方程的基本表达形式如下：

$$\ln y_i = \alpha_0 + \alpha_1 sex + \alpha_2 region_i^j + \alpha_3 skill_i^k + \alpha_4 industry_i^\varphi + \varepsilon_i$$

其中，$j = 1, 2$；$k = 1, \cdots, 5$；$\varphi = 1, \cdots, 5$ (4.1)

式（4.1）的因变量是月工资或小时工资率的对数，右边分别为性别虚拟变量（男性 = 1；女性 = 0）；区域虚拟变量（东部地区为参照组）；行业虚拟变量（农、林、牧、渔业为参照组）；农民工在该企业从事某一工作的经验，用工作年限虚拟变量表示，分别为"工作年限小于 1 年""工作年限在 1—2 年""工作年限在 2—3 年""工作年限在 3—4 年""工作年限在 4—5 年""工作时间在 5 年以上"作为参照组。我们在这里并不能加入教育程度虚拟变量，因为教育程度与行业之间会产生严重的内生性。但是农民工内部也存在人力资本的差异，虽然这种差异相对较小。为此，我们将样本分类成四组，分别是"小学及以下"教育程度组、"初中"教育程度组、"高中"教育程度组、"大专及以上"教育程度组。可以看到，农民工学历以"初中"为主。在某种程度上，我们对其进行分组也是为了更好地识别出农民工这一特殊群体的区域工资是否存在差异；以及通过与工作 5 年以上的农民工工资进行对比，检验工作经验低于 5 年的农民工（非熟练劳动力）与工作经验超过 5 年的农民工（熟练劳动力）在工资收入上是否存在显著差异。例如，在某一工作岗位上刚刚从事工作的农民工工资如果与工作 5 年以上的农民工工资没有统计上的显著差异，从某种程度上可以说明：第一，企业对农民工需求大于供给；第二，农民工从事的工作不需要经验积累。事实上，第二种假设情景在很大程度上在现实中是不能成立的。特别是，如果我们只采用制造业样本进行工资差异分析时，由工作年限变量代表的工作熟练程度应该在制造业中得到体现。

二 经验分析结果

1. 区域工资差异

首先我们看到，无论教育程度如何，男性农民工的工资收入都要显著高于女性农民工的工资收入水平。其次，对于所有行业而言，无论农民工的受教育程度如何，中西部地区的农民工工资收入水平都要显著低于东部地区的农民工工资收入水平。即使我们只将男性农民工作为观测样本，也同样得到类似的结论（见表 4 - 4 和表 4 - 6）。但是，如果我们将观测对象限定在制造业行业，那么得到的结论有所不同：对于小学文化程度的农民工而言，东部地区与中部地区的农民工工资水平之间并不存在统计上的显著差异（见表 4 - 5）；相比之下，西部地区的农民工工资收入水平却显著低于东部地区。有意思的是，高中文化程度组的结果与小学文化程度组的结果截然相反，即中部地区的农民工工资收入水平显著低于东部地区；而东部地区与西部地区的农民工工资水平之间并不存在统计上的显著差异（见表 4 - 5）。除此之外，在初中文化程度组与大专以上文化程度组中，中部地区和西部地区的农民工工资水平都显著低于东部地区的工资水平。值得关注的是，如果我们只分析制造业中男性农民工的区域工资差异问题，那么即使在初中文化程度组中（大多数农民工受教育程度为初中文化程度），东部地区与中部地区的农民工工资水平之间也并不存在统计上的显著差异（见表 4 - 5）；西部地区的农民工工资收入水平仍然显著低于东部地区。值得注意的是，大专以上文化程度的农民工在东部地区的工资收入与中部地区的工资收入也没有统计上的显著差异。除此之外，所有结果都与之前结论相同，只不过，无论是初中文化程度组还是小学文化程度组，男性农民工在西部地区工资收入虽然显著低于东部地区，但是这种显著程度与之前相比有所下降。从以上经验分析结果初步得到了这样的结论：在制造业行业中，技能非熟练（小学和初中）的男性农民工（占样本总量的73%）工资收入水平在东部地区与中部地区之间存在趋同，同时，技能熟练的男性农民工（大专及以上文化程度）工资收入水平在东部地区与中部地区之间也存在趋同。然而，西部地区的农民工收入仍然显著低于东部地区，只有中等熟练程度的男性农民工在西部地区与东部地区的工资收入没有显著差异。事实上，在制造业中，男性非熟练农民工在地区之间的工资趋同现象才可以体现出中国劳动力市场的新特征。

2. 农民工的技能差异

从行业总体来看，无论是男性农民工工资样本还是总体样本，在目前从事的工作岗位上工作时间不超过5年的农民工工资收入大多显著低于工作时间超过5年的农民工工资收入（见表4-4和表4-6）。我们采用"截止调查时间点从事目前工作的时间"作为农民工的技能熟练程度的代表性指标。因为，农民工群体本身的受教育水平比较低，以初中文化程度为主。如果我们仍然采用通常的方法将"教育程度"作为判断劳动力熟练与非熟练的标准显然存在偏差。采用工作年限作为农民工工作熟练程度的代理变量也存在一些问题。例如，个体能力的差异导致在相同的工作年限上"熟练程度"有很大不同，之前从事的工作相似程度和从事其他工作的时间也同样影响一个人在目前工作中所表现出的能力和熟练程度。然而这些影响因素都是重要但不可观测的因素。由于农民工群体的特殊性，农民工一般从事的行业集中在制造业和服务业，而且在很大程度上这些工作都以体力工作为主，从工作年限来衡量农民工的熟练程度也许存在很多问题，但却也是一个比较符合现实的方法。特别是对比"工作年限小于1年"的农民工工资收入与"工作年限在5年以上"的农民工工资收入，可以反

表4-4

基本工资决定回归结果

变量	农民工总体				男性农民工			
	小学及以下	初中	高中和中专	大专及以上	小学及以下	初中	高中和中专	大专及以上
性别（男性=1）	0.164***	0.171***	0.128***	0.109***	—	—	—	—
中部地区	-0.082***	-0.061***	-0.118***	-0.202***	-0.058***	-0.040***	-0.102***	-0.181***
西部地区	-0.144***	-0.093***	-0.113***	-0.211***	-0.150***	-0.068***	-0.104***	-0.171***
采矿业	0.057	0.099***	0.165***	0.304*	0.054	0.109***	0.142**	0.244
制造业	-0.098***	-0.104***	-0.051	0.003	-0.138***	-0.099***	-0.077	-0.054
电力、燃气及水的生产供应	-0.077	-0.104***	-0.034	0.214	0.030	-0.099***	-0.059	0.177
建筑业	0.043	0.058***	0.064	0.195	0.035	0.073***	0.041	0.119
服务业	-0.071**	-0.075***	-0.042	0.061	-0.044	-0.037	-0.045	0.017
工作时间小于1年	-0.112***	-0.093***	-0.131***	-0.171***	-0.157***	-0.080***	-0.108***	-0.198***
工作时间在1—2年	-0.081***	-0.094***	-0.097***	-0.156***	-0.099***	-0.087***	-0.088***	-0.178***
工作时间在2—3年	-0.111***	-0.077***	-0.088***	-0.110***	-0.125***	-0.075***	-0.085***	-0.125***
工作时间在3—4年	-0.062***	-0.065***	-0.027*	-0.058	-0.109***	-0.061***	-0.020	-0.069
工作时间在4—5年	-0.069***	-0.044***	-0.052***	-0.090**	-0.085***	-0.053***	-0.046**	-0.152***
年龄虚拟变量	有	有	有	有	有	有	有	有
Obs.	6521	29904	9358	2339	4003	20030	6428	1458
Adj R - squared	0.0858	0.1174	0.1198	0.1190	0.0703	0.0798	0.0907	0.0927

注：被解释变量为月工资的对数，教育程度与行业类型变量同时放入模型中将导致内生性问题，为此将分别对不同教育程度的农民工工资决定方程进行回归。

表 4-5　基本制造业工资决定回归结果——制造业工资的地区差异分析

变量	农民工总体				男性农民工			
	小学及以下	初中	高中和中专	大专及以上	小学及以下	初中	高中和中专	大专及以上
性别（男性=1）	0.103***	0.118***	0.083***	0.089**	—	—	—	—
中部地区	-0.035	-0.035***	-0.092***	-0.119**	0.032	-0.021	-0.080***	-0.088
西部地区	-0.101***	-0.077***	-0.032	-0.266***	-0.108**	-0.049***	-0.016	-0.276***
工作时间小于1年	-0.004	-0.085***	-0.124***	-0.115*	-0.006	-0.065***	-0.122***	-0.154*
工作时间在1—2年	-0.028	-0.072***	-0.095***	-0.103*	0.016	-0.062***	-0.089***	-0.103
工作时间在2—3年	-0.051*	-0.061***	-0.073***	-0.089	-0.038	-0.057***	-0.096***	-0.077
工作时间在3—4年	-0.051	-0.048***	-0.030	-0.046	-0.085	-0.036*	-0.016	-0.052
工作时间在4—5年	-0.048	-0.039***	-0.029	-0.127*	-0.022	-0.036*	-0.030	-0.174*
年龄虚拟变量	有	有	有	有	有	有	有	有
Obs.	1907	11631	3595	681	873	6860	2410	459
Adj R-squared	0.0362	0.0408	0.0657	0.0939	0.0490	0.0226	0.0577	0.0979

注：被解释变量为月工资的对数。教育程度与行业类型变量同时放入模型中将导致内生性问题，为此将分别对不同教育程度的农民工工资决定方程进行回归。这一估计结果与我们采用地区虚拟变量后的估计结果非常相似。

表4-6　　工资决定回归结果——工资的地区差异分析

变量	农民工总体				男性农民工			
	小学及以下	初中	高中和中专	大专及以上	小学及以下	初中	高中和中专	大专及以上
性别（男性=1）	0.151***	0.161***	0.124***	0.092***	—	—	—	—
中部地区	-0.084***	-0.059***	-0.115***	-0.193***	-0.059***	-0.038***	-0.100***	-0.172***
西部地区	-0.149***	-0.091***	-0.109***	-0.190***	-0.155***	-0.068***	-0.103***	-0.153***
工作时间小于1年	-0.108***	-0.093***	-0.129***	-0.168***	-0.156***	-0.081***	-0.107***	-0.192***
工作时间在1—2年	-0.078***	-0.094***	-0.097***	-0.150***	-0.098***	-0.087***	-0.088***	-0.171***
工作时间在2—3年	-0.107***	-0.077***	-0.087***	-0.107***	-0.120***	-0.076***	-0.084***	-0.126***
工作时间在3—4年	-0.058***	-0.066***	-0.027*	-0.054	-0.108***	-0.063***	-0.020	-0.066
工作时间在4—5年	-0.062***	-0.044***	-0.053***	-0.082*	-0.077**	-0.053***	-0.045**	-0.150***
年龄虚拟变量	有	有	有	有	有	有	有	有
行业虚拟变量	有	有	有	有	有	有	有	有
Obs.	6521	29904	9358	2339	4003	20030	6428	1458
Adj R - squared	0.0963	0.1274	0.1288	0.1372	0.0814	0.0922	0.1000	0.1095

注：被解释变量为月工资的对数，教育程度与行业类型变量同时放入模型中将导致内生性问题，为此将分别对不同教育程度的农民工工资决定方程进行回归。

映出企业对农民工的需求强度及反映在工资上是否存在显著差异。如果某一企业支付给农民工的工资并没有"工作年限"上的显著差异，那么首先说明，农民工依然从事简单劳动，其次也从某种程度上反映出农民工供给小于需求。

从经验分析结果来看，对于所有行业而言，工作年限不同的农民工工资收入都存在显著差异（与工作年限高于 5 年的农民工相比），但值得注意的是，如果我们只以制造业为样本，小学文化程度的农民工无论工作年限小于 1 年还是工作年限超过 5 年，在工资水平上都没有统计学上的显著差异。特别是在制造业中男性农民工的工作年限与工资收入之间似乎看不到任何的统计相关性，在模型中表现为所有的工作年限虚拟变量都没有通过 t 检验。但是对于其他文化程度的农民工来说则基本依然遵照了"工作年限不同，工资收入水平存在差异"的结论。但是小学文化程度的农民工占比并不算高，在农民工样本中的代表性也不强。因此，我们可以得到另一个结论：农民工群体中的熟练工人与非熟练工人之间的工资收入仍然存在显著差异。

第五节　结论

第一，在制造业行业中，技能非熟练的男性农民工（小学和初中）工资收入水平在东部地区与中部地区之间趋同，同时，技能熟练的男性农民工（大专及以上文化程度）工资收入水平在东部地区与中部地区之间也趋同。然而，西部地区的农民工收入仍然显著低于东部地区，只有中等熟练程度的男性农民工在西部地区与东部地区的工资收入没有显著差异。第二，初中文化程度的农民工群体中，熟练工人与非熟练工人之间的工资收入仍然存在显著差异。但是小学文化程度和大专以上文化程度的农民工群体中，熟练工人与非熟练工人之间的工资收入并不存在统计学上的显著差异。第三，男性农民工的工资收入还是要显著高于女性。

参考文献

蔡昉、都阳：《工资增长、工资趋同与刘易斯转折点》，《经济学动态》2011 年第 9 期。

都阳、蔡昉：《中国制造业工资的地区趋同性与劳动力市场一体化》，《世界经济》2004 年第 8 期。

第五章　农民工汇款与农民增收

改革开放以来中国农村向城镇地区的劳动力迁移，成为世界上规模最大的劳动力迁移（Roberts et al.，2004）。农村家庭承包制的实行，使农户成为他们边际劳动努力的剩余索取者，从而解决了人民公社制度下因平均分配原则而长期解决不了的激励问题（Meng，2000）。与此同时，政府进行的价格改革，诱导农民提高了农业生产率，大量农业剩余劳动力被释放出来。受非农产业活动更高报酬的吸引，农业剩余劳动力开始向农村非农产业、小城镇甚至大中城市流动（Cook，1999；蔡昉等，2003；Fan，2008等）。

由于存在各种阻碍农村劳动力流动的制度因素，以及政府鼓励农村劳动力实行就地转移，因此在20世纪80年代前期，农业劳动力以向农村非农产业转移为主，主要是在乡镇企业中就业，即所谓的"离土不离乡"。随着各种制度障碍的逐渐拆除，20世纪80年代中期开始，一些农村劳动力开始外出前往城镇地区打工。

到20世纪90年代，中央政府和地方政府都采取了一系列措施，改革户籍制度，适当放宽对农村劳动力迁移的限制。城市福利制度的改革，也为农村劳动力向城市流动创造了制度环境。在这种状况下，从农村前往城镇打工的农村劳动力越来越多。根据国家统计局的调查，2009年从农村外出到城镇地区半年以上的农民工，已经达到1.45亿人，成为一个庞大的群体（国家统计局，2010）。

但是，由于户籍制度尚未进行实质性的改革，造成农民工在城镇中仅仅因为不具有城市本地户口，而在就业和社会福利等诸多方面，与城镇本地居民享受不同的待遇（Chan and Zhang，1999；Meng and Zhang，2001；蔡昉等，2005）。大多数农民工在非正规部门，或者正规部门的非正规就业岗位，从事工作时间长和工资待遇低的工作，而且绝大多数农民工没有享受到社会保障。

由此可见，大部分农民工在外出时，很难有条件和能力将其全部家庭成员从农村带到城镇，而只能是只身外出，或者仅与一部分家庭成员外出，而把其余家庭成员留在家乡。农村现行的土地承包制度，使农村土地的流转非常困难，更增加了举家迁移的困难程度。根据国家统计局的调查，2009 年举家外出农民工为 2966 万人，仅占全部外出农民工的 1/5（国家统计局，2010）。

对于那些尚有部分家庭成员留在家乡的农民工而言，很大一部分农民工会将一些收入寄回或带回家乡，用于其留在家乡的家庭成员的生活，或者农业生产。由此，农民工汇款成为学者们关注的重要问题。学者们对农民工汇款的关注，主要集中于几个方面：一是农民工汇款的数量和规模；二是哪些因素影响农民工汇款的行为和数量；三是汇款是否会缓解农村贫困；四是汇款主要用于家庭哪些方面的消费；五是汇款是否会影响农户的农业生产投资，等等。

本章将要使用的是 2010 年国家统计局农民工监测调查数据。该项数据除了包含农户家庭成员的个人特征外，还对农户中从业人员的从业类型、从业时间、从业收入等状况，进行了详细调查。尤其是对外出从业人员，对其外出从业地区、外出方式、外出工作行业、工作时间、收入和社会保障等状况，都进行了深入调查。农民工监测调查数据中所包含的信息，可以用于分析农户外出从业人员的汇款状况，外出从业人员汇款是否会缓解农村贫困，以及哪些因素影响外出从业人员汇款的行为和数量等内容。这项调查数据的最大优势是，调查范围涵盖全国 31 个省（市、自治区），样本量大，而且对全国具有较强的代表性。

本章的主要目的是通过对 2010 年国家统计局农民工监测调查数据的分析，考察农户外出从业人员汇款对农村减贫和农户增收的影响，并讨论外出从业人员汇款的决定因素。本章以下部分是这样安排的：第一部分分析农户外出从业人员及其汇款状况；第二部分讨论农户的收入构成，着重分析迁移农户和非迁移农户的收入构成差异，并分析加入汇款前和加入汇款后迁移农户和非迁移农户的贫困率差异；第三部分考察外出从业人员汇款的决定因素；第四部分给出主要结论。

第一节　外出从业人员及其汇款状况

根据 2010 年国家统计局农民工监测数据，86.37% 的农户中有外出从业人员（见表 5－1）。[①] 中部地区的农户有外出从业人员的比例最高，超过 90%，东部地区和西部地区的这一比例相当，分别为84.59% 和 83.07%。外出从业人员占全部从业人员的比例约为 1/4（25%）。东部地区外出从业人员占全部从业人员的比例最低，为21.8%，中部地区的这一比例最高，为 28.22%，西部地区居中。外出从业人员中，绝大部分为男性，学历为初中，年龄在 35 岁及以下。

表 5－1　　　　　　　　　　从业人员外出状况　　　　　　　　单位：%

指　标	东部地区	中部地区	西部地区	合　计
有外出从业人员的农户比例	84.59	91.90	83.07	86.37
外出从业人员占全部从业人员比例	21.80	28.22	24.39	24.82
外出从业人员中男性比例	67.21	64.88	67.29	66.38
外出从业人员中初中比例	60.75	65.45	59.59	62.18
外出从业人员中 35 岁及以下比例	67.35	68.75	64.07	66.81

注：（1）之所以分东部、中部和西部三个地区进行观察，是因为这三个地区的经济发展状况有着显著差异，进而导致农村人口外出行为和汇款行为的差异；（2）东部地区包括辽宁省、北京市、天津市、河北省、山东省、江苏省、上海市、浙江省、福建省、广东省和海南省；中部地区包括黑龙江省、吉林省、山西省、河南省、湖北省、湖南省、安徽省和江西省；西部地区包括内蒙古自治区、陕西省、甘肃省、青海省、宁夏回族自治区、新疆维吾尔自治区、重庆市、四川省、贵州省、云南省、西藏自治区和广西壮族自治区。

资料来源：根据 2010 年国家统计局农民工监测调查数据计算得到。

---

① 外出从业人员定义为 16 岁及以上不在学的从业人员中，曾经到本乡镇以外从业的人员。

从分性别劳动力的外出情况看，男性从业人员中，30.91%为外出从业人员，女性的这一比例低于男性，仅为17.87%（见表5-2）。在东部、中部和西部三个地区，女性的这一比例都低于男性。有研究发现，具有更高受教育水平的劳动力，倾向于在当地从事非农就业，而不是异地转移（Zhao，1999）。从农民工监测调查数据看，受教育水平越高的从业人员，其外出的比例越高。尤其是具有大专及以上学历的从业人员，其外出比例更是远远高于学历较低的人。年龄越大的从业人员，其外出的比例越低。45岁及以上从业人员中，外出比例低于8%。

外出从业人员的平均年收入在14000元以上（见表5-3）。从东部地区外出的从业人员平均年收入最高，中部地区居中，西部地区最低。超过85%的外出从业人员给家中汇款，这一比例在三个地区间非常接近。李强（2001）的研究表明，3/4的农村转移劳动力给家中汇款；李强等（2008）发现，超过70%的农民工给家中汇款；程恩江和徐忠（2005）的研究也认为，25%左右的农民工没有给家中汇款。也就是说，3/4的农民工给家中汇款。本研究的结果略高于其他研究所显示的结果。

男性外出从业人员给家中汇款的比例高于女性，这在三个地区都是如此。受教育水平越高的外出从业人员，给家中汇款的比例越低。在三个地区的样本中，中部和西部地区也存在这样的现象，但这一规律在东部地区不适用。年龄越大的外出从业人员，给家中汇款的比例越高，这在三个地区都是如此。

表5-2　　　　　　　　外出从业人员占全部从业人员比例　　　　单位:%

指　标	东部地区	中部地区	西部地区	合　计
分性别				
男　性	27.39	34.42	30.83	30.91
女　性	15.38	21.17	17.06	17.87
分受教育水平				
小学及以下	7.31	10.64	12.81	10.86

续表

指　标	东部地区	中部地区	西部地区	合　计
初　中	24.05	32.94	31.98	29.60
高中或中专	27.95	38.53	34.46	33.15
大专及以上	45.59	62.71	44.33	49.96
分年龄组				
16—24 岁	55.02	64.42	46.66	55.10
25—34 岁	44.49	52.99	41.00	45.94
35—44 岁	18.41	24.92	24.05	22.58
45 岁及以上	6.60	7.55	7.37	7.15

资料来源：根据 2010 年国家统计局农民工监测调查数据计算得到。

表 5 – 3　　　　　　　　外出从业人员汇款状况

指　标	东部地区	中部地区	西部地区	合　计
平均年收入（元）	16722	13678	12708	14213
给家中汇款的比例（%）	89.14	85.04	84.85	86.14
分性别				
男　性	90.29	87.12	86.93	87.90
女　性	86.78	81.20	80.56	82.46
分受教育水平				
小学及以下	87.85	87.35	89.23	88.45
初　中	90.11	85.39	84.54	86.34
高中或中专	88.78	84.13	82.17	85.15
大专及以上	84.09	78.55	71.56	79.83
分年龄组				
16—24 岁	85.31	79.92	77.03	80.36
25—34 岁	88.32	84.91	84.12	85.58
35—44 岁	92.85	89.83	91.72	91.32
45 岁及以上	94.60	92.43	92.97	93.33

资料来源：根据 2010 年国家统计局农民工监测调查数据计算得到。

外出从业人员年平均汇款超过 7000 元，超过其收入的一半（见

表5－4）。从东部地区外出的从业人员年均汇款数额最高，超过
10000元，中部地区次之，为6755元，西部地区最低，只有5595元。
东部、中部和西部地区外出从业人员汇款占其收入的比例分别为
59.84%、49.39%和44.03%。总体来看，东部地区外出从业人员给
家中汇款的数额最大，占其收入的比例最高，接下来是中部地区，最
低的是西部地区。

表5－4　　　　　　　　外出从业人员汇款状况

指　标	东部地区	中部地区	西部地区	合　计
平均汇款（元）	10006	6755	5595	7322
汇款占其收入比例（%）	59.84	49.39	44.03	51.52
分性别				
男　性	11042	7321	6107	7998
女　性	7795	5633	4458	5880
分受教育水平				
小学及以下	9479	6277	5328	6251
初中	9558	6794	5602	7208
高中或中专	10533	6738	5889	7869
大专及以上	12521	7448	6169	9727
分年龄组				
16—24 岁	7263	5855	4563	5854
25—34 岁	9380	6645	5168	7012
35—44 岁	13306	7872	6814	8822
45 岁及以上	12649	7534	6441	8870

资料来源：根据2010年国家统计局农民工监测调查数据计算得到。

　　从不同特征的外出从业人员汇款的情况看，男性比女性给家中汇
款更多，这在三个地区都是如此。从全部样本看，受教育水平越高的
外出从业人员，给家中汇款数量越多。这在东部和西部地区都是如
此，只有中部地区的情况略有例外。从全部样本看，年龄越大的外出
从业人员，给家中汇款越多。在东部、中部和西部地区，对于44岁

以下的外出从业人员，年龄越大，给家中汇款越多。但超过 45 岁后，其汇款数量又有所下降。

第二节　外出从业人员汇款与农户增收

从表 5 - 1 中看到，超过 86% 的农户中有外出从业人员。并不是所有外出从业人员都会给家中汇款，收到汇款的农户比例为 83%，低于有外出从业人员的农户比例。东部地区 81.56% 的农户收到外出从业人员的汇款，中部和西部地区的这一比例分别为 88.43% 和 79.63%（见图 5 - 1）。东部和西部地区收到汇款的农户比例基本相当，都低于中部地区。

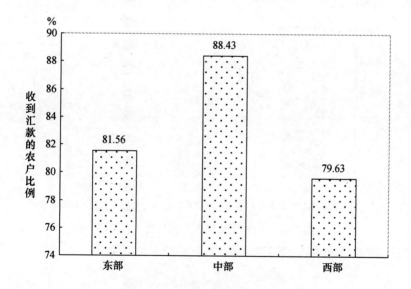

图 5 - 1　收到汇款的农户比例

资料来源：根据 2010 年国家统计局农民工监测调查数据计算得到。

农户的收入来源主要有以下几个：本地非农工资收入、家庭经营收入、财产性收入和转移性收入，以及外出家庭成员的汇款。随着越来越多的农村劳动力外出就业，在中国的大多数农村地区，劳动力迁移所带来的收入已成为农户家庭收入的重要来源（都阳、朴之水，2003）。图 5-2 给出了东部、中部和西部三个地区农户的人均非农纯收入构成（以下简称人均纯收入）。①

从图 5-2 中可以看到，东部地区人均纯收入超过 5000 元，为中部地区（2481 元）的 2 倍多，超过西部地区（1615 元）的 3 倍。在东部地区，本地非农务工收入是农户最重要的收入来源，占农户人均纯收入的比重超过 50%，其次是外出从业人员汇款，最后是本地自营净收入。在中部和西部地区，外出从业人员汇款是农户纯收入的主要来源，占到农户人均纯收入的一半左右，接下来是本地非农务工收入，最后是本地非农自营净收入。

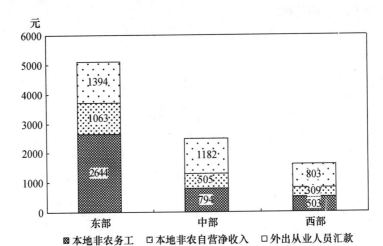

图 5-2 东中西地区农户人均纯收入构成

资料来源：根据 2010 年国家统计局农民工监测调查数据计算得到。

---

① 在 2010 年国家统计局农民工监测调查数据中，不包括财产性收入和转移性收入的信息。实际上，根据国家统计局农户调查数据，财产性收入和转移性收入只占农户家庭纯收入的很小比例。例如，2009 年，两者合起来占农户纯收入的 10.97%（国家统计局，2010）。因此，对农户人均纯收入的分析不包含财产性收入和转移性收入，不会对整个分析造成很大偏差。另外，农户家庭经营收入分为农业经营收入和非农经营收入。在农民工监测调查数据中，不包括农户农业经营收入的信息。此处在分析农户人均纯收入构成时，只分析本地非农自营净收入、本地非农务工收入和汇款收入。换句话说，此处分析的是农户非农纯收入的状况。

　　农户收到汇款的状况在东部、中部和西部地区之间具有较大差异。东部地区农户人均收到的汇款最多，为 1394 元，中部地区次之，为 1182 元，西部地区最低，为 803 元。但是，东部地区农户人均收到的汇款占农户人均纯收入的比例却是最低的，仅为 27%，中部地区的这一比例为 48%，西部地区的这一比例最高，为 50%。

　　更进一步，我们可以比较迁移农户和非迁移农户的人均纯收入构成，分析两类农户的人均纯收入构成差异（见表 5－5）。此处，我们将农户人均纯收入分为两部分：人均本地纯收入和人均汇款。其中，人均本地纯收入包括本地非农务工收入和本地非农自营净收入。从全部样本看，迁移农户的人均本地纯收入，大大低于非迁移农户。即使在加入数额较大的汇款收入后，迁移农户的人均纯收入依然低于非迁移农户。在东部地区，情况同样如此。

　　中部地区的状况则略微有一些差异。迁移农户的人均本地纯收入，同样低于非迁移农户。但是，在加入数额较大的汇款收入后，迁移农户的人均纯收入高于非迁移农户。在西部地区，迁移农户的人均本地纯收入高于非迁移农户，在加入汇款收入后，迁移农户的人均纯收入更远高于非迁移农户。在东部地区，汇款占农户人均纯收入的比例为 33.88%，低于中部和西部地区的 50.68% 和 53.8%。这说明，汇款对于中部和西部地区的农户更加重要。

表 5－5　　　　　　　迁移农户和非迁移农户人均纯收入构成　　　　　　单位：元

指标	东部地区		中部地区		西部地区		合计	
	迁移	非迁移	迁移	非迁移	迁移	非迁移	迁移	非迁移
人均本地纯收入	3195	6644	1241	2027	820	774	1709	3161
人均汇款	1637	0	1275	0	955	0	1277	0
人均纯收入	4832	6644	2516	2027	1775	774	2986	3161
汇款占人均纯收入比例（%）	33.88	0	50.68	0	53.80	0	42.77	0

　　注：我们把有外出从业人员的农户，定义为迁移农户；没有外出从业人员的农户，定义为非迁移农户。

　　资料来源：根据国家统计局 2010 年农民工监测调查数据计算得到。

衡量农村贫困的一个最基本也是最重要的指标，是农村贫困率。中国国家统计局每年都会公布官方农村贫困线。人均纯收入低于贫困线的农户为贫困农户，所有贫困农户中的人口为农村贫困人口。根据《中国统计摘要》（2010），2009 年官方农村贫困线为 1196 元（国家统计局，2010）。在此，我们根据此贫困线，计算两种口径的农村贫困率，考察汇款对农村减贫的影响。①

第一种口径是，农户收到的汇款不加入到农户人均纯收入中，来计算农户人均纯收入，农户人均纯收入低于农村贫困线的家庭，视作贫困家庭，贫困家庭中的人口为贫困人口；第二种口径是，将农户收到的汇款加入到农户纯收入中，计算农户人均纯收入，农户人均纯收入低于农村贫困线的家庭，视作贫困家庭，贫困家庭中的人口为贫困人口。表 5-6 给出了按照以上两种口径计算的迁移农户和非迁移农户的贫困率。

从贫困率的状况看，在加入汇款前，迁移农户的贫困率远高于非迁移农户；但是，在加入汇款后，迁移农户的贫困率大幅度下降，而且变得大大低于非迁移农户。② 这在全部样本和三个地区基本都是如此。一个小的例外是，在西部地区，在加入汇款前，迁移农户的贫困率略低于非迁移农户。

表 5-6		迁移农户和非迁移农户贫困率		单位:%
地 区	农户类型	加入汇款前的贫困率（1）	加入汇款后的贫困率（2）	（1）-（2）
东部地区	迁移农户	38.78	12.56	26.22
	非迁移农户	15.95	—	—
中部地区	迁移农户	64.30	24.16	40.14
	非迁移农户	57.44	—	—

① 由于 2010 年官方农村贫困线尚未公布，此处我们使用 2009 年的农村贫困线，观察汇款对缓解农户贫困的影响。
② 农民工监测调查数据中不包括农户农业经营收入的信息。因此，此处计算的贫困率不是真正的农村贫困率。该表的目的，只是为了观察汇款对缓解农户贫困的影响。

地 区	农户类型	加入汇款前的贫困率（1）	加入汇款后的贫困率（2）	（1）－（2）
西部地区	迁移农户	77.05	41.46	35.59
	非迁移农户	80.00	—	—
全 部	迁移农户	60.44	26.36	34.08
	非迁移农户	52.33	—	—

注：2009年农村贫困线为1196元，这个贫困线是按照新贫困标准划定的，将原低收入人口纳入贫困人口统计。

资料来源：根据国家统计局2010年农民工监测调查数据计算得到。

以全部样本为例。在加入汇款前，迁移农户的贫困率为60.44%，非迁移农户为52.33%。在加入汇款后，迁移农户的贫困率大幅度降至26.36%，远远低于非迁移农户。都阳等发现中国贫困地区的劳动力迁移对缓解家庭贫困有着积极的影响（都阳、朴之水，2003）。Ravallion 和 Chen（2004）指出，迁移有利于减贫，尽管这种减贫效应可能因为最贫困的人不能实现迁移而受到一定的限制。农民工监测调查数据的结果告诉我们，外出从业人员的汇款，对于东部、中部和西部地区的减贫，都起到了重要作用。

第三节 农民工汇款的决定因素

与研究迁移者工资收入浩如烟海的文献相比，国际上关于迁移者汇款的研究要少一些（Barham and Boucher，1998；Lucas and Stark，1985）。对于影响迁移者汇款的因素，尚没有非常一致的结论。各国迁移的状况千差万别，尤其是中国的迁移，因此，究竟哪些因素影响外出务工人员的汇款数量，是一个具有挑战性的问题。从表5-3中我们看到，并不是所有的外出务工人员都给家中汇款，超过10%的外出务工人员没有给家中汇款。换句话说，这部分外出从业人员的汇款数量为零。因此，在估计外出务工人员的汇款数量决定因素时，我们使用 Tobit 模型。

模型的因变量为外出务工人员的年汇款数量。模型的自变量包括外出务工人员的个人特征（性别、年龄、受教育水平、婚姻状况、外出从业收入、是否户主、外出地区）和家庭特征（农户常住人口数和农户外出从业人员数），以及农户所在省份（见表 5 – 7）。

表 5 – 7 　　　　　　　　　　模型中所用变量解释

变　量	类　型	含　义
因变量		
给家中汇款的数量	连续变量	外出务工人员给家中汇款的数量
自变量		
性　别	虚拟变量	女性 = 1　男性 = 0
年　龄	连续变量	户主年龄
初　中	虚拟变量	初中 = 1　小学及以下 = 0
高中或中专	虚拟变量	高中或中专 = 1　小学及以下 = 0
大专及以上	虚拟变量	大专及以上 = 1　小学及以下 = 0
已　婚	虚拟变量	已婚 = 1　未婚 = 0
外出从业收入	连续变量	外出从业实际拿到的年收入
户　主	虚拟变量	户主 = 1　非户主 = 0
县外省内	虚拟变量	县外省内 = 1　乡外县内 = 0
省　外	虚拟变量	省外 = 1　乡外县内 = 0
农户常住人口数	连续变量	外出从业人员所在农户的常住人口数量
农户外出从业人员数	连续变量	外出从业人员所在农户其余外出从业人员数
农户本地纯收入	连续变量	外出从业人员所在农户本地非农纯收入
一组省份变量	虚拟变量	省　略

汇款数量模型的估计式如下：

$$remit = \beta_0 + \beta_1 female + \beta_2 age + \beta_3 edu + \beta_4 married + \beta_5 miginc + \beta_6 hhead$$
$$+ \beta_7 distance + \beta_8 nhome + \beta_9 nmig + \beta_{10} province + \varepsilon \qquad (5.1)$$

其中，*remit* 为外出务工人员年汇款数量，*female* 为女性虚拟变量，*age* 为年龄，*edu* 为一组受教育水平虚拟变量，*married* 为已婚虚拟变量，*miginc* 为外出务工人员年收入，*hhead* 为户主虚拟变量，*distance* 为外出地区，*nhome* 为农户常住人口数，*nmig* 为农户外出从业人员数，*province* 为一组外出从业人员家乡所在省份虚拟变量，ε 为随机误差项。

我们认为，外出从业人员所在农户的本地纯收入的多少，可能也会影响外出从业人员的汇款行为，因此，在模型（5.1）的基础上，我们加入了农户本地纯收入这一变量，以考察其对外出从业人员汇款的影响：

$$remi = \beta_0 + \beta_1 female + \beta_2 age + \beta_3 edu + \beta_4 married + \beta_5 miginc + \beta_6 hhead$$
$$+ \beta_7 distance + \beta_8 nhome + \beta_9 nmig + \beta_{10} localinc + \beta_{11} province + \varepsilon$$

$$(5.2)$$

其中，*localinc* 为农户本地纯收入，其余变量与模型（5.1）完全相同。

模型估计结果告诉我们，两个模型的估计结果非常类似，其 *Pseudo R – squared* 也基本不存在差异（见表 5 – 8）。此处的农户本地纯收入，实际上只是农户的本地非农纯收入，不包括农业经营收入，因此，这一变量不能全面衡量农户的本地收入状况，因此，我们将重点对模型（5.1）的结果进行解释。

表 5 – 8　外出从业人员年汇款数量的决定因素（Tobit 模型）

变　量	模型（5.1）	模型（5.2）
自变量		
性　别	− 28. 3999	− 87. 6993
年　龄	31. 5704 ***	29. 0191 ***
初　中	− 62. 2183	− 107. 2520
高中或中专	− 171. 0655 *	− 285. 2450 ***
大专及以上	− 1302. 9210 ***	− 1544. 7100 ***
已　婚	583. 9279 ***	592. 2846 ***
外出从业收入	0. 5552 ***	0. 5465 ***
户　主	1931. 2881 ***	1930. 5651 ***
县外省内	1909. 0813 ***	1760. 2009 ***
省　外	816. 4979 ***	773. 8611 ***
农户常住人口数	14. 4447 ***	− 5. 4401 **
农户外出从业人员数	− 29. 8947 ***	12. 4553 **

变　量	模型（5.1）	模型（5.2）
自变量		
农户本地纯收入		0.0082＊＊＊
省　份	省　略	省　略
观察值个数	47640	47640
Pseudo R - squared	0.039	0.040

　　注：＊＊＊表示在1%水平上显著；＊＊表示在5%水平上显著；＊表示在1%水平上显著。

　　外出务工人员的性别不影响其汇款数量，这与很多研究的结果都是一致的（胡枫、王其文，2007）。外出务工人员的年龄越大，汇款数量越多，这与李强等（2008）和都阳、朴之水（2003）的研究结果存在一定差异。具有初中受教育水平的外出从业人员，其汇款数量与小学及以下受教育水平的人员相比没有显著差异，但具有高中或中专，以及大专及以上学历的人员，其汇款的数量更少。胡枫和王其文（2007）的研究中发现，具有大专及以上受教育水平，对汇款数量具有显著的负向影响。他们认为，对这种现象，一种可能的解释是，受教育水平越高的人，更适应城市生活，其在城市立足的可能性更大，从而减少了与老家的联系。

　　已婚外出从业人员比未婚人员汇款的数量更多，这与李强等（2008）的结果一致。这可能表明，已婚的人有更多的家庭责任。外出从业人员的年收入越高，其汇款的数量也越多。这与李强等（2008）和都阳、朴之水（2003）的研究结果是一致的。实际上，这与迁移行为的利他性假设是相符的。如果外出从业人员为其所在农户的户主，那么其汇款数量会更多。户主实际上在一定程度上意味着更多的家庭责任，其汇款数量更多是完全符合常理的。

　　与外出地区为乡外县内的人员相比，外出地区为县外省内和省外人员的汇款数量更多。这说明，外出的距离越远，汇款越多。外出从业人员所在农户的常住人口数越多，外出务工人员的汇款数量越多。

但外出从业人员所在农户的其余外出从业人员数越多，外出务工人员的汇款数量越少，这与都阳和朴之水（2003）的研究结果是一致的。这种现象表明，如果农户中还有更多的外出务工人员，可能会缓解农户的经济负担，从而带来了外出务工人员汇款减少的结果。在模型（5.2）中，农户本地纯收入越多，外出务工人员的汇款数量越多。这与胡枫、王其文（2007）和白南生、宋洪远（2002）等的研究结果相同。

第四节　结论

本章利用 2010 年国家统计局农民工监测调查数据，对外出务工人员汇款与农户增收问题，进行了深入分析。首先分析了农户外出从业劳动力及其汇款状况，然后讨论了农户的收入构成，着重分析迁移农户和非迁移农户的收入构成差异，并分析加入汇款前和加入汇款后迁移农户和非迁移农户的贫困率差异，接下来考察了外出从业人员汇款的决定因素。

本章的主要结论如下：第一，86% 的农户中有外出从业人员，外出从业人员占全部从业人员的比例约为 25%。外出从业人员中，绝大部分为男性、学历为初中，年龄在 35 岁及以下。男性从业人员的外出比例高于女性，受教育水平越高的从业人员，其外出的比例越高，年龄越大的从业人员，其外出的比例越低。

第二，外出从业人员的平均年收入在 14000 元以上，超过 85% 的外出从业人员给家中汇款。男性外出从业人员给家中汇款的比例略高于女性。受教育水平越高的外出从业人员，给家中汇款的比例越低。年龄越大的外出从业人员，给家中汇款的比例越高。外出从业人员年平均汇款超过 7000 元，超过其收入的一半。男性比女性给家中汇款更多。

第三，收到汇款的农户比例为 83%。在东部地区，本地非农务工收入是农户最重要的收入来源，其次是外出从业人员汇款，最后是本地自营净收入。在中部和西部地区，外出从业人员汇款是农户纯收入的主要来源，接下来是本地非农务工收入，最后是本地非农自营净收入。

第四，迁移农户的人均本地纯收入，大大低于非迁移农户。即使在加入数额较大的汇款收入后，迁移农户的人均纯收入依然低于非迁移农户。在加入汇款前，迁移农户的贫困率远高于非迁移农户；但是，在加入汇款后，迁移农户的贫困率大幅度下降，而且变得大大低于非迁移农户。

第五，从外出务工人员汇款的决定因素看，已婚的人比未婚的人汇款的数量更多。外出从业人员的年收入越高的汇款的数量也越多。如果外出从业人员为其所在农户的户主，那么其汇款数量会更多。与外出地区为乡外县内的人员相比，外出地区为县外省内和省外人员的汇款数量更多。外出从业人员所在农户的常住人口数越多，外出务工人员的汇款数量越多。外出从业人员所在农户的其余外出从业人员数越多，外出务工人员的汇款数量越少。农户本地纯收入越多，外出务工人员的汇款数量越多。

参考文献

Barham, B. & S. Boucher (1998), Migration, Remittances, and Inequality, Estimating the Net Effects of Migration on Income Distribution, *Journal of Development Economics*, 55 (2), 307 – 331.

Chan, K. W. & L. Zhang (1999), The Hukou System and Rural – Urban Migration in China: Processes and Changes, *The China Quarterly*, 160, 818 – 855.

Cook, S. (1999), Surplus Labor and Productivity in Chinese Agriculture: Evidence from Household Survey Data, *Journal of Development Studies*, 35 (3), 16 – 44.

Fan, C. C. (2008), *China on the Move: Migration, the State, and the Household*, New York: Routledge.

Lucas, R. E. B. & O. Stark (1985), Motivations to Remit: Evidence from Botswana, *Journal of Political Economy*, 93 (5), 901 – 918.

Meng, X. (2000), *Labor Market Reform in China*, Cambridge, UK:

Cambridge University Press.

Meng, X. & J. Zhang（2001）, The Two‐Tier Labor Market in Urban China：Occupational Segregation and Wage Differentials between Urban Residents and Rural Migrants in Shanghai, *Journal of Comparative Economics*, 29（3）, 485–504.

Ravallion, M. & S. Chen（2004）, Learning from Success, *Finance and Development*, 41（4）, 16–19.

Roberts, K., R. Connelly, Z. Xie & Z. Zheng（2004）, Patterns of Temporary Labor Migration of Rural Women from Anhui and Sichuan, *The China Journal*, （52）, 49–70.

Zhao, Y.（1999）, Labor Migration and Earnings Differences：The Case of Rural China, *Economic Development and Cultural Change*, 47（4）, 767–782.

白南生、宋洪远：《回乡，还是进城？——中国农村外出劳动力回流研究》，中国财政经济出版社 2002 年版。

蔡昉、都阳、王美艳：《劳动力流动的政治经济学》，上海人民出版社 2003 年版。

蔡昉、都阳、王美艳：《中国劳动力市场转型与发育》，商务印书馆 2005 年版。

程恩江、徐忠：《中国农民工国内汇款服务问题报告》，世界银行扶贫协商小组报告，2005 年。

都阳、朴之水：《迁移与减贫——来自农户调查的经验证据》，《中国人口科学》2003 年第 4 期。

国家统计局：《中国统计年鉴（2010）》，中国统计出版社 2010 年版。

胡枫、王其文：《中国农民工汇款的影响因素分析——一个区间回归模型的应用》，《统计研究》2007 年第 10 期。

李强：《中国外出农民工及其汇款之研究》，《社会学研究》2001 年第 4 期。

李强、毛学峰、张涛：《农民工汇款的决策、数量与用途分析》，《中国农村观察》2008 年第 3 期。

第六章　农民工人力资本积累

从发达国家的发展经验来看，大规模的劳动力迁移总是同经济的快速增长和城市化结合在一起的。中国农村劳动力向城市的迁移更是经济转型和经济增长的一个突出现象。而人力资本的积累状况将不仅影响农村劳动力做出是否从农村转移到城市从事非农就业的决策，更重要的是影响外出农民工的工资收益和回报，因为外出农民工在城镇能进一步地积累其人力资本，在职培训、社会福利的增加等因素将对劳动者人力资本积累状况产生正向的影响，也有助于提高外出就业的农村劳动力工资收益或报酬。

中国农民工不仅总量规模巨大，而且人力资本积累相对较低。2011年外出农民工平均受教育年限为9.46年，初中及以下受教育程度的比例为78%。[1] 对已经转移到城镇就业的农民工来说，很难提高其受教育程度，增加人力资本也难以实现。一方面由于劳动力市场转变（蔡昉，2007），普通劳动力工资上涨，接受教育的机会成本增加（Cai Fang & Du Yang，2011）；另一方面，农民工一般人力资本积累，即受教育程度的高低主要是在进入劳动力市场之前就已经完成。进入劳动力市场后，农民工人力资本的提升就主要依靠就业岗位提供的技能培训，通过"干中学"的方式提高专业化人力资本的积累（卢卡斯，1985）。[2] 对中国而言，这种变化主要源自农民工供求形势的变化，劳动力市场面临的重要挑战，就是如何用劳动力的质量替代劳动

---

[1]　国家统计局：《2011年我国农民工调查监测报告》，http：//www.stats.gov.cn/tjfx/fxbg/t20120427_402801903.htm。

[2]　按照卢卡斯"干中学"第二人力资本增长模型，专业化的人力资本来自生产过程的技能学习和实践。

力的数量，这时候最需要的是提升普通劳动者的人力资本，以适应产业结构升级的需要（蔡昉，2010；Zang Xiaobo，Yang Jin and Wang Shenglin，2010）。

从国际文献来看，有学者认为（Wang Qin，2010），中国农民工人力资本构成偏低，是造成农村大量"转移劳动力"与"农民工短缺"之间结构性矛盾的原因之一，由此得出，中国的"刘易斯转折点。尚未完成。农村劳动力为了更好地就业，大规模地从乡村向城镇迁移，这将对城乡收入差距以及农村内部、城镇内部收入不平等产生深远的影响，相对人力资本更高的农村劳动力离开了乡村，农村地区人才流失问题日益严峻（Chunbing Xing，2010）。Alpaslan、Olivier 和 F. Klaus（2011）研究中国的迁移劳动力得出，农村迁移劳动力特别是年轻农民工渴望定居城镇并获得稳定职业，城镇工人的收入是他们未来预期的一种预兆。具有更广泛社会家庭网络的迁移农民工从事自我雇佣可能性更大（Junfu Zhang & Zhong Zhao，2011）。比较早期的一项微观调查研究表明，年轻的男性农村迁移劳动力绝大多数从事"又脏又累"的建筑行业和体力职业工作，这些工作是上海市年龄大、受过良好教育的户籍人口空缺出来的岗位（Kenneth. D，2001）。Xin Meng 和 Junsen Zhang（2001）利用两套可比较的数据，分析了农村迁移劳动力与城镇本地劳动力的职业分割和工资差异，并且大部分差异不能用可观测的特征所解释。这些研究均使用小样本的抽样调查数据，从不同层面反映了农民工人力资本特征及其对就业、工资和城乡迁移的影响。

国内也不乏讨论农民工人力资本状况、回报的研究（如刘春林，2007；张泓骏，2006；任远，2010），主要集中于教育和经验对农民工人力资本回报的贡献，分行业、分职业以及不同收入水平来估算人力资本收益率，并且，绝大多数研究代表性不足，不仅难以反映农民工整体的人力资本积累水平与结构特征，最重要的是没有估算培训对农民工专业化人力资本回报的净贡献。对农民工人力资本回报的测量，已有国内研究文献均采用分子样本（接受培训或未接受培训）回归，或加入虚拟变量的处理方式（如武向荣，2010）。

　　本章使用国家统计局农民工监测调查资料，对农民工的教育、工作经验、培训等人力资本回报和收入情况进行一个比较详尽的分析。该数据是目前样本量最大、代表性最强的农民工专项抽样调查数据，能深入、全面和详细地反映我国农民工群体的人力资本积累状况及其回报，揭示农民工尤其是外出迁移农民工人力资本回报所蕴含的经济含义和政策启示。① 从农民工视角反映中国劳动力市场的变化和生产力变化。中国经济的刘易斯转折点已经毋庸置疑地到来了，尽管理论界和政策研究领域对这一判断众说纷纭、莫衷一是，但是未雨绸缪思考劳动力市场变化和新因素所带来的人力资本需求是刻不容缓的。因为劳动力供求的转折点到来之前，就业的主要矛盾是解决就业数量问题，本质上是创造更多的就业需求，但是劳动供求发生转折之后，就业的主要矛盾是就业的质量问题，是如何提高就业稳定性和就业质量。劳动力人力资本水平必须与经济结构调整和产业升级相一致，否则在劳动力供给短缺的情况下，资本投入的边际报酬递减，推动经济增长的全要素生产提高就难以为继，提高就业稳定性和就业质量也就无从谈起。

第一节　农民工人力资本状况与工资结构分析

一　农民工人力资本基本状况描述

　　从外出农民工的整体受教育程度情况来看（见表 6 - 1），截至 2010 年年末，外出 6 个月以上从业的农民工平均受教育年限为 9.46 年。其中，小学及以下文化程度的占 13.6%，初中文化程度占 62.1%，高中文化程度占 13.5%，中专、大专及以上文化程度仅占 10.76%，说明外出农民工整体受教育水平以初中及以下为主，外出农民工群体的人力资本水平提高空间还很大。东部地区农民工整体受

---

　　① 本章对农民工人力资本的研究，如没有特别说明，均是以外出农民工为分析样本，即外出户籍所在地乡镇以外，外出从业时间 6 个月以上。

教育年限平均为 9.60 年，高中文化程度占 13.7%，中专、大专及以上文化程度占 11.65%，分别高于中部地区的 9.56 年和西部地区的 8.98 年。中部地区高中文化程度占 14.9%，中专、大专及以上文化程度占 10.73%，而西部地区高中文化程度占 12.2%，中专、大专及以上文化程度仅占 8.02%。跨省外出农民工的整体受教育程度要高于省内外出农民工，跨省外出农民工的受教育年限是 9.56 年，高于省内外出农民工的 9.36 年；跨省外出农民工高中文化程度占 14.3%，中专、大专及以上文化程度占 12.76%，分别高于省内外出农民工的 12.7% 和 8.61%。

表 6 - 1　　　　　　　　不同地区外出农民工人力资本状况

地　区	受教育年限（年）	受教育水平（%）				
		小学以下	初　中	高　中	中　专	大专以上
跨省农民工	9.56	14.4	58.5	14.3	6.78	5.98
省内农民工	9.36	12.6	66.1	12.7	4.95	3.66
东部地区	9.60	10.5	64.2	13.7	6.39	5.26
中部地区	9.56	11.7	62.7	14.9	5.90	4.83
西部地区	8.98	24.5	55.3	12.2	4.36	3.66
全国平均	9.46	13.6	62.1	13.5	5.90	4.86
观察值数	48291	6556	30003	6538	2847	2347

资料来源：根据国家统计局农民工监测调查资料计算。

从分年龄组来看（见表 6 - 2），15—24 岁年龄组的人力资本水平最高，其受教育年限为 10.5 年；小学及以下文化程度占 6.8%，远低于其他年龄组；初中文化程度占 46.2%；但是高中文化程度的比重为 27.7%，远高于其他年龄组；中专、大专及以上文化程度所占比重就更高，占到了该年龄组的 19.43%。从分年龄组来看，25—34 岁年龄组高中文化程度和中专、大专及以上文化程度所占比重也高于 35 岁以上其他各年龄组。35—44 岁年龄组小学及以下文化程度占 28.9%，初中文化程度占 60.1%，两者之和占到了将近 90%，说明 35 岁以上外出农民工初中及以下文化程度占绝大部分。因此，从人力资本的年龄分布来看，青年农民工的人力资本水平是最高的，也是未来劳动力资源中最有挖掘潜质的劳动力群体。

表 6 – 2　　　　　不同年龄结构外出农民工人力资本状况（Ⅰ）

不同年龄组	受教育年限（年）	受教育水平（%）				
		小学以下	初　中	高　中	中　专	大专以上
15—24 岁	10.5	6.8	46.2	27.7	8.13	11.3
25—34 岁	9.39	15.4	62.6	10.1	5.55	6.41
35—44 岁	8.50	28.9	60.1	8.2	1.49	1.26
45—54 岁	8.56	34.1	47.4	16.6	1.13	0.86
55—64 岁	7.51	58.7	32.7	7.04	1.17	0.44
65 岁以上	6.79	78.2	17.7	2.54	1.29	0.32

资料来源：根据国家统计局农民工监测调查资料计算。

我们知道培训是增加劳动力技能水平、提高劳动力人力资本积累水平的有效途径之一。分年龄组的外出农民工培训的比重显示（见表6 – 3），25—34 岁年龄组接受过非农技能培训的比重最高，占到了27.8%，高于 15—24 岁年龄组和其他年龄组。这可能是因为 15—24岁的青年农民工群体外出从业时间不长，很多刚从学校毕业，接受非农技能培训的机会少于 25—34 岁年龄组的外出农民工。从表 6 – 3 也可以看出，外出农民工总体上相对于农业培训或无培训的规模，接受非农技能培训的比重还是比较低的，在每一个年龄组还不到 1/3 的比例。从地区分布来看（见表6 – 4），接受过非农技能培训的外出农民工总计占 31.3%，其中，东部地区占 21.5%、中部地区占 4.47%、西部地区占 5.34%。因此，加强非农技能培训对提高外出农民工的人力资本积累是非常必要的。

表 6 – 3　　　　　不同年龄结构外出农民工接受培训状况（Ⅱ）　　　单位:%

不同年龄组	农业培训或无培训	非农生产培训	学徒工
15—24 岁	78.9	17.2	3.92
25—34 岁	67.8	27.8	4.42
35—44 岁	79.3	18.3	2.47
45—54 岁	86.2	12.5	1.29
55—64 岁	91.0	8.34	0.66
65 岁以上	94.2	5.45	0.36

资料来源：根据国家统计局农民工监测调查资料计算。

　　总体上，外出农民工目前的人力资本呈现如下特点：（1）整体上外出农民工的人力资本水平还较低，以初中及以下文化程度占主要比重，提高外出农民工的人力资本水平不仅有很大空间而且很有必要。（2）15—24 岁年龄组的人力资本水平最高，高中以上文化程度的比重占到了将近一半，是未来劳动力资源中最有挖掘潜质的劳动力群体。（3）从外出农民工人力资本分布的统计描述来看，东部地区的农民工人力资本整体水平要高于中西部地区，这符合了人力资本向经济发达地区和收益较高的地区流向。（4）外出农民工接受非农技能培训的比重比较低，仅占外出总量的 1/3，尤其是 15—24 岁年龄组受教育程度较高的青年农民工群体的非农就业技能培训比重低，需要加强青年农民工群体的非农就业技能培训。

表 6 – 4　　　　　　　不同地区外出农民工培训状况　　　　　单位:%

地　区	农业培训或无培训	非农生产培训	学徒工
东部地区	38.1	21.5	4.61
中部地区	9.50	4.47	1.06
西部地区	14.5	5.34	0.95
全　国	62.1	31.3	6.62

资料来源：根据国家统计局农民工监测调查资料计算。

二 农民工的人力资本与工资分布差异

人力资本与工资收入的关系体现了劳动力市场机制发生作用的程度。图 6-1 显示了外出农民工人力资本与小时工资的对数关系，从图 6-1 可以看出，外出农民工小时工资的对数与受教育水平呈现正向相关关系趋势，即随着受教育程度的提高，农民工的小时工资呈现增加的趋势。同样，外出农民工小时工资的对数与受教育年限也呈现正向相关关系趋势，即随着受教育年限的增加，农民工的小时工资也呈现增加的趋势。

外出农民工在不同行业的受教育年限呈现一定明显的差异（见图 6-2），其中，从事农林牧渔业、制造业、住宿餐饮业、居民服务业、卫生社保等行业的农民工，受教育年限较少，主要原因是这些行业对人力资本的要求较低，是外出农民工就业比较集中的行业，也是农民工比较容易进入并就业的行业，符合农民工整体人力资本水平相对于城镇其他劳动群体低的特点。同时，在这些行业就业的农民工平均小时工资也相对较低。在电力燃气、交通仓储、金融业、科技服务、水利环境以及国际组织等行业就业的外出农民工，其受教育年限相对较多，相对于从事体力劳动的行业，这些行业要求一定劳动技能和文化程度。从图 6-2 也可以明显地看出，从事这些行业的农民工小时工资要高于从事农林牧渔业、制造业、住宿餐饮业、居民服务业的农民工。只有采矿业的农民工虽然受教育年限较低，其小时工资却高于从事其他行业的农民工，可能的原因是采矿业的劳动强度较大并具有一定的危险性，因而其劳动补偿高于其他行业。因此，总体上看，外出农民工就业的行业分布和小时工资差异反映了农民工群体内部本身人力资本的差异，即人力资本相对较高的农民工从事收入较高、对劳动技能和文化程度要求较高的行业，而人力资本相对较低的农民工从事以体力劳动为主的行业。

图 6-3 显示了外出农民工受教育年限与职业分布和小时工资差异的关系。图中曲线表明，农民工的职业分布与小时工资的关系，私营企业主、生产经营者的小时工资最高，其次是个体经营者、专业技术人员和办事人员，而商业人员、服务业从业人员以及农林牧生产者

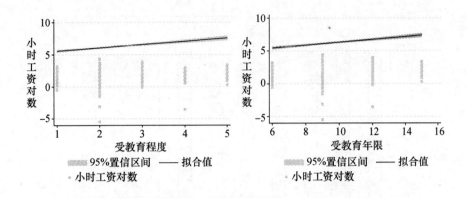

图 6-1 农民工人力资本与小时工资分布情况

资料来源：根据国家统计局《农民工监测调查 2010 年》全部样本计算。

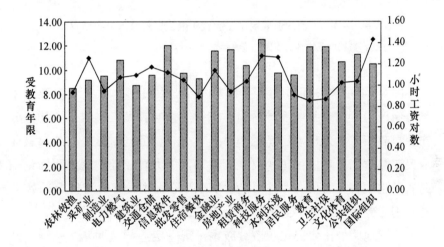

图 6-2 不同行业农民工受教育年限、工资收入分布情况

资料来源：根据国家统计局农民工监测调查资料计算。

的小时工资相对较低，生产运输人员可能由于工作强度的原因高于服务业人员。总体上看，图 6-3 反映了农民工人力资本差异在职业分布和小时工资差异上的一致性，农民工小时工资相对较高的职业要求一定的工作经验和文化素质，体现了人力资本水平积累差异在职业分布和工资收入上的差异。

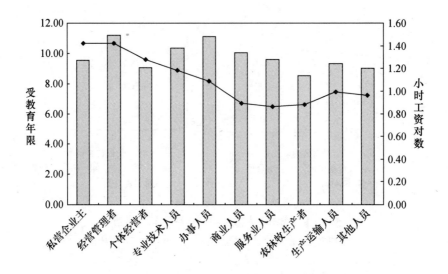

图6-3　不同职业农民工受教育年限、工资收入分布情况

资料来源：根据国家统计局农民工监测调查资料计算。

　　图6-4是跨省外出农民工和省内外出农民工小时工资对数的正态分布图，可以非常明显地看出，跨省迁移的农民工小时工资均值分布明显高于省内外出农民工的小时工资分布，但同时，跨省外出就业农民工与省内外出农民工小时工资波动范围大致相同。这说明无论是跨省外出农民工还是省内外出农民工，其小时工资平均值有一定差异，但方差区间却是一致的，符合农民工群体的总体特征。

　　不同地区外出农民工工资分布也呈现一定差异（见表6-5）。从表6-5中可以看出，东部地区农民工的平均月工资和小时工资分别为1683.4元/月和7.39元/小时，分别高于中部地区的1628.2元/月和7.09元/小时和西部地区的1612.6元/小时。东部地区和中部地区外出农民工月工作小时基本相近，分别为235.6小时/月和237.2小时/月，高于西部地区的229.0小时/月。其中，东部地区的月工资和小时工资也高于全国平均水平的1660.3元/月和7.32元/小时，西部地区就业的外出农民工月工资和小时工资则明显低于全国平均水平，月工作小时也低于全国平均水平。

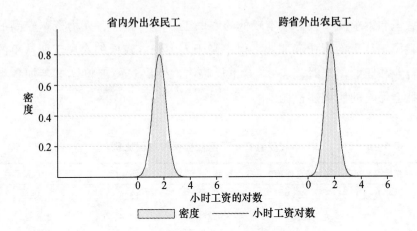

图 6 - 4　外出农民工小时工资按跨省分布

资料来源：根据国家统计局农民工监测调查资料计算。

表 6 - 6 是不同受教育水平组外出农民工参加各类社会保险的统计描述，从中可以看出，外出农民工中，小学及以下受教育程度组中，养老保险、医疗保险、工伤保险和失业保险的参保比例明显低于全国平均水平和其他受教育程度组，所占比例仅分别为 3.09%、7.47%、13.8% 和 1.32%。高中受教育程度组的养老保险、医疗保险、工伤保险和失业保险的参保比例分别为 10.6%、15.4%、23.8% 和 5.22%，高于初中受教育程度组的参保比例。大专及以上受教育程度组的各类社会保险参保比例最高，分别达到了 38.8%、45.5%、45.6% 和 24.9%。因此，一方面，这说明人力资本较高的农民工参保

表 6 - 5　　　　　　　　不同地区外出农民工工资分布差异

地　区	月工资（元/日）	月工作小时（小时/月）	小时工资（元/小时）
东部地区	1683.4	235.6	7.39
中部地区	1628.2	237.2	7.09
西部地区	1612.6	229.0	7.27
全　国	1660.3	324.5	7.32
观察值数	48286	48286	48286

资料来源：根据国家统计局农民工监测调查资料计算。

意识和诉求高于人力资本较低的农民工；另一方面，人力资本较高的农民工从事的行业和职业参保率高于人力资本较低的农民工所从事的行业和职业。同时，表6-6也反映出，外出农民工整体上参加各类社会保险的比例还很低。

表6-6　　　　　　　不同受教育水平组社会保险参保比例　　　　　单位:%

受教育程度	养老保险	医疗保险	工伤保险	失业保险
小学及以下	3.09	7.47	13.8	1.32
初　中	5.50	9.85	20.4	2.67
高　中	10.6	15.4	23.8	5.22
中　专	21.1	26.6	34.4	11.4
大专及以上	38.8	45.5	45.6	24.9
平均水平	8.53	13.1	22.2	4.51

资料来源：根据国家统计局农民工监测调查资料计算。

第二节　农民工的人力资本回报：教育和培训

只有当农民工外出打工的潜在收益大于其机会成本（主要包括在家种田或留在家乡从事非农产业的潜在收益）的时候，劳动者才会选择外出打工，而如果农民工不外出打工，他们外出务工的潜在收入就观察不到，也就是说，我们实际上只能够观察到已经外出务工者的工资收入。因此，本节我们根据Heckman（1974）处理的办法进行样本选择纠正，进行最大似然估计，或者Heckman两步法回归，使用国家统计局2010年农民工监测调查10%样本的数据进行Mincer方程估计外出农民工的教育回报。同时，我们进一步控制外出农民工从事的职业特征、产业特征、地区差异以及社会保险对农民工工资收益的影响，分析在控制这些变量后，教育、经验和培训等人力资本对农民工工资的影响变化。

一　农民工的教育回报

表 6-7 是根据 Heckman 方法纠正样本选择偏差后的外出农民工小时工资方程估计结果。如果以受教育年限来衡量教育回报率，表 6-7 中的方程（1）是纯 Mincer 工资方程的估计结果，我们可以看出，农民工的教育回报率为 4.48%，经验对农民工的工资收入也产生了显著的促增作用，经验的平方项系数为负，这与人力资本理论中工作经验对工资决定的影响呈现"凹形"效应相符，选择方程的回归结果也通过了相关检验。方程（2）是加入了性别变量后的估计结果，教育回报率有所下降，受教育年限对农民工小时工资的影响为 4%，性别的估计系数显著为正，说明男性农民工工资显著高于女性。方程（3）加入了是否接受过非农就业培训控制变量，结果显示农民工的教育回报率低于方程（2）和方程（1）的估计结果，但是培训对外出农民工的小时工资收益起着显著的增加作用，符合人力资本理论一般规律。

表 6-7　　农民工受教育年限人力资本回报（修正选择偏误）

解释变量	方程（1）		方程（2）		方程（3）	
	系数	p 值	系数	p 值	系数	p 值
工资方程						
受教育年限	0.0448	0.000	0.0400	0.000	0.0383	0.000
经　验	0.0243	0.000	0.0218	0.000	0.0209	0.000
经验平方项	-0.0004	0.000	-0.0004	0.000	-0.0004	0.000
性　别	—		0.1795	0.000	0.1660	0.000
培　训	—		—	—	0.0750	0.000
常数项	1.2202	0.000	1.1772	0.000	1.1984	0.000
选择方程						
受教育年限	-0.0209	0.007	-0.0408	0.000	-0.0569	0.000
经　验	0.0425	0.000	0.0307	0.000	0.0255	0.000
经验平方项	-0.0017	0.000	-0.0016	0.000	-0.0014	0.000
性　别	—		0.5055	0.000	0.4670	0.000
培　训	—		—	—	0.5866	0.000

续表

解释变量	方程（1）		方程（2）		方程（3）	
	系数	p 值	系数	p 值	系数	p 值
已　婚	− 0.2757	0.000	− 0.1631	0.000	− 0.1807	0.000
60 岁以上老人	0.3069	0.000	0.2849	0.000	0.2466	0.000
常数项	− 0.1726	0.000	− 0.2071	0.001	− 0.1607	0.005
athrho	0.0406	0.026	0.0437	0.007	0.0330	0.087
lnsigma	− 0.7622	0.000	− 0.7770	0.000	− 0.7788	0.000
观察值数	48059		48059		46870	

注：因变量为"小时工资的对数"；"—"表示没有控制该变量；p 值代表显著性概率。

资料来源：根据国家统计局农民工监测调查资料计算。

表 6 - 8 是按不同受教育程度来衡量的农民工教育回报，并纠正了样本选择偏差。表 6 - 8 中方程（1）是不同受教育程度的纯 Mincer 工资方程估计结果，可以看出，随着受教育程度的提高，农民工的教育回报是增加的，即高中文化程度的教育回报率高于初中文化程度，中专文化程度教育回报高于高中文化程度，大专及以上文化程度教育回报高于中专文化程度。表 6 - 8 方程（2）加入性别变量后，不同受教育水平的系数估计结果与方程（1）的估计结果一致，农民工的人力资本回报随着受教育水平的提高而增加，并且性别差异显著存在，男性小时工资高于女性。表 6 - 8 方程（3）加入是否接受非农就业培训控制变量后，不同教育程度的系数估计结果与方程（1）、方程（2）仍然一致，即农民工的人力资本回报随着受教育水平的提高而增加，并且培训依然对农民工的小时工资收益产生显著增加作用。

表 6 - 8　农民工不同受教育水平人力资本回报（修正选择偏误）

解释变量	方程（1）		方程（2）		方程（3）	
	系　数	p 值	系　数	p 值	系　数	p 值
工资方程						
初　中	0.0855	0.000	0.0598	0.000	0.0458	0.000

续表

解释变量	方程（1）		方程（2）		方程（3）	
	系 数	p 值	系 数	p 值	系 数	p 值
高 中	0.1749	0.000	0.1332	0.000	0.1200	0.000
中 专	0.2417	0.000	0.2094	0.000	0.1830	0.000
大专及以上	0.4931	0.000	0.4547	0.000	0.4380	0.000
经 验	0.0259	0.000	0.0237	0.000	0.0230	0.000
经验平方项	−0.0005	0.000	−0.0005	0.000	−0.0004	0.000
性 别	—	—	0.1835	0.000	0.1725	0.000
培 训	—	—	—	—	0.0773	0.000
常数项	1.5227	0.000	1.4541	0.000	1.4628	0.000
选择方程						
初 中	0.2024	0.000	0.1118	0.000	0.0519	0.000
高 中	−0.0881	0.000	−0.2338	0.000	−0.3174	0.000
中 专	0.1641	0.000	0.0436	0.000	−0.1248	0.000
大专及以上	−0.2294	0.000	−0.3668	0.000	−0.5085	0.000
经 验	0.0341	0.000	0.0243	0.000	0.0194	0.000
经验平方项	−0.0015	0.000	−0.0014	0.000	−0.0012	0.000
性 别	—	—	0.4953	0.000	0.4571	0.000
培 训	—	—	—	—	0.5758	0.000
已 婚	−0.2741	0.000	−0.1727	0.000	−0.1901	0.000
60 岁以上老人	0.3217	0.000	0.2441	0.000	0.2084	0.000
常数项	−0.4102	0.000	−0.5530	0.000	−0.5923	0.000
athrho	0.0313	0.077	0.0375	0.015	0.0253	0.065
lnsigma	−0.7659	0.000	−0.7816	0.000	−0.7835	0.000
观察值数	48059		48059		46870	

注：因变量为"小时工资的对数"；"—"表示没有控制该变量；p 值代表显著性概率。

资料来源：根据国家统计局农民工监测调查资料计算。

二 不同产业、职业、地区差异对农民工人力资本回报的影响

表 6 - 9 是按受教育年限来衡量，并控制了外出农民工就业的产业、职业和地区差异之后的小时工资方程估计结果。从表 6 - 9 中可以清楚地看到，受教育年限、经验、培训都对农民工的小时工资起着显著的促增作用，经验的平方项回归系数为负，与人力资本理论相符。性别的回归系数显著为正，与表 6 - 7 的估计结果相一致，农民工小时工资的性别差异显著存在，并且男性高于女性。职业身份的估计结果显示，以体力劳动者为参照，服务人员的职业身份对农民工小时工资的影响为负，技能型工人对农民工小时工资收益的影响显著为正，并且经营管理人员不仅有显著的正向效应，而且系数估计值明显高于其他职业身份，这与第一部分图 6 - 3 统计结果揭示的特征相一致。外出农民工从业的产业类别差异估计结果表明，如果以第一产业为参照，在第二产业、第三产业从业的农民工，其小时工资显著高于在第一产业从业的农民工。外出从业的地区差异估计结果显示，中部地区和西部地区的虚拟变量的回归系数显著为负，这说明，以东部地区为参照，在东部地区从业的农民工小时工资收益要显著高于中部地区和西部地区。

表 6 - 9　　　　　　　控制从业产业、职业、地区差异后的
农民工人力资本回报（Ⅰ）

解释变量	系数	标准差
受教育年限	0.0379 ***	0.001
经　验	0.0211 ***	0.001
经验平方项	- 0.0004 ***	0.000
培　训	0.0712 ***	0.004
性　别	0.1561 ***	0.004
职业身份 2（服务人员）	- 0.0926 ***	0.008
职业身份 3（技能型工人）	0.0139 ***	0.005
职业身份 4（经营管理人员）	0.2385 ***	0.018
第二产业（第一产业为参照）	0.1039 **	0.043

续表

解释变量	系数	标准差
第三产业（第一产业为参照）	0.1075 **	0.041
地区虚拟变量（中部地区）	− 0.0682 ***	0.006
地区虚拟变量（西部地区）	− 0.0337 ***	0.006
常数项	1.2367 ***	0.023
观察值数	47090	

注：因变量为"小时工资的对数"；*** 、** 、* 分别代表系数估计值在 1%、5%、10% 显著性概率水平下显著；职业身份变量中，以"体力劳动者"为参照。

资料来源：根据国家统计局农民工监测调查资料计算。

　　表 6 - 10 是按不同受教育水平来衡量，并控制了外出农民工就业的产业、职业和地区差异之后的小时工资方程估计结果。从表 6 - 10 中可以看到，与表 6 - 8 的估计结果相一致，控制农民工从业的产业、职业和地区差异后，随着受教育水平的提高，农民工的教育回报依然是增加的，即高中文化程度的教育回报率高于初中文化程度，中专文化程度教育回报率高于高中文化程度，大专及以上文化程度教育回报率高于中专文化程度。经验、培训都对农民工的人力资本回报起着显著的促增作用，经验的平方项回归系数为负，符合人力资本理论，并且性别差异显著存在。职业身份的估计结果显示，以体力劳动者为参照，服务人员的职业身份对农民工小时工资的影响为负，与表 6 - 9 的估计结果相一致。技能型工人对小时工资收益的影响显著为正，并且经营管理人员的不仅有显著的正向效应，而且系数估计值明显高于其他职业身份。产业类别差异估计结果也表明，如果以第一产业为参照，在第二产业、第三产业从业的农民工，其小时工资显著高于在第一产业从业的农民工。表 6 - 10 的地区差异估计结果也显示，中部地区和西部地区的虚拟变量的回归系数显著为负，说明东部地区从业的农民工小时工资收益要显著高于中部地区和西部地区。

三　社会保障对农民工人力资本回报的影响

　　从理论和经验现实可知，社会保障对农民工的就业稳定性和就业质量起着非常关键的促进作用，也有助于农民工人力资本的积累和改善，提高农民工的工资收益。表6-11是按受教育年限来衡量，在表6-9的基础上，逐步添加控制了农民工是否参加各类社会保险后的小时工资方程估计结果。其中，方程（1）只控制了外出农民工是否参加养老保险这一虚拟变量，方程（2）在方程（1）的基础上添加控制了外出农民工是否参加医疗保险虚拟变量，方程（3）在方程（2）的基础上又增添控制了外出农民工是否参加失业保险虚拟变量。

表6-10　　　　　　　　控制从业产业、职业、地区差异后的
农民工人力资本回报（Ⅱ）

解释变量	系数	标准差
初　中	0.0438***	0.007
高　中	0.1212***	0.009
中　专	0.1879***	0.011
大专及以上	0.4282***	0.013
经　验	0.0230***	0.001
经验平方项	-0.0004***	0.000
培　训	0.0716***	0.004
性　别	0.1621***	0.004
职业身份2（服务人员）	-0.0819***	0.008
职业身份3（技能型工人）	0.0143***	0.005
职业身份4（经营管理人员）	0.2289***	0.018
第二产业（第一产业为参照）	0.1146***	0.032
第三产业（第一产业为参照）	0.1018**	0.045
地区虚拟变量（中部地区）	-0.0670***	0.006
地区虚拟变量（西部地区）	-0.0408***	0.006
常数项	1.5019***	0.020
观察值数	47090	

注：因变量为"小时工资的对数"，"小学及以下"作为参照；***、**、*分别代表系数估计值在1%、5%、10%显著性概率水平下显著；职业身份变量中，以"体力劳动者"为参照。

资料来源：根据国家统计局农民工监测调查资料计算。

从表 6 - 11 的估计结果可以看出，受教育年限、经验、培训都对农民工的小时工资起着显著的促增作用，经验的平方项回归系数为负，与前面的估计结果一致，符合人力资本理论。性别的回归系数显著为正，与表 6 - 9 的回归结果一致，职业身份和产业类别的估计结果也与表 6 - 9 的估计结果一致，即服务人员的职业身份对农民工小时工资的影响为负，技能型工人和经营管理人员对外出农民工小时工资收益的影响显著为正，并且系数大小也相近。产业类别差异估计结果也表明，在第二产业、第三产业从业的农民工小时工资显著高于在第一产业从业的农民工。地区差异的影响也与前面保持一致。最关键的是，在我们逐步添加外出农民工是否参加养老保险、医疗保险和失业保险虚拟变量后，表 6 - 11 的估计结果表明，逐步加入各类社会保险控制变量，是否参加养老保险、医疗保险和失业保险在三个方程中都显著对农民工小时工资产生正向效应。因此，实证结果表明社会保障有助于提高农民工的工资收益，促进人力资本回报。

表 6 - 11　社会保障对农民工人力资本回报及收益的影响（Ⅰ）

解释变量	方程（1）		方程（2）		方程（3）	
	系数	p 值	系数	p 值	系数	p 值
受教育年限	0.0320	0.000	0.0314	0.000	0.0312	0.000
经　验	0.0187	0.000	0.0187	0.000	0.0185	0.000
经验平方项	- 0.0003	0.000	- 0.0003	0.000	- 0.0003	0.000
培　训	0.0562	0.000	0.0548	0.000	0.0516	0.000
性　别	0.1541	0.000	0.1544	0.000	0.1544	0.000
职业身份 2（服务人员）	- 0.1112	0.000	- 0.1095	0.000	- 0.1103	0.000
职业身份 3（技能型工人）	0.0168	0.000	0.0166	0.000	0.0139	0.000
职业身份 4（经营管理人员）	0.1854	0.000	0.1825	0.000	0.1777	0.000
第二产业（第一产业为参照）	0.1256	0.002	0.1235	0.000	0.1226	0.000
第三产业（第一产业为参照）	0.1179	0.005	0.1048	0.000	0.1016	0.000
地区虚拟变量（中部地区）	- 0.0512	0.000	- 0.0489	0.000	- 0.0466	0.000
地区虚拟变量（西部地区）	- 0.0283	0.000	- 0.0276	0.000	- 0.0252	0.000
养老保险（是 =1）	0.2487	0.000	0.1966	0.000	0.1871	0.000

续表

解释变量	方程（1）		方程（2）		方程（3）	
	系数	p 值	系数	p 值	系数	p 值
医疗保险（是=1）	—	—	0.0715	0.000	0.0447	0.000
失业保险（是=1）	—	—	—	—	0.0494	0.000
常数项	1.2798	0.000	1.2833	0.000	1.2819	0.000
观察值数	41892		41892		41892	

注：因变量为"小时工资的对数"；"—"表示没有控制该变量；p 值代表显著性概率；职业身份变量中，以"体力劳动者"为参照。

资料来源：根据国家统计局农民工监测调查资料计算。

表 6 - 12 是按受教育程度来衡量，在表 6 - 10 基础上，逐步添加控制了农民工是否参加各类社会保险后的小时工资方程估计结果。其中方程（1）、方程（2）、方程（3）分别依次添加农民工是否参加养老保险、医疗保险、失业保险虚拟变量。从表 6 - 12 中可以看到，与表 6 - 10 的估计结果相一致，在表 6 - 10 的基础上，逐步添加控制了农民工是否参加各类社会保险后的小时工资方程估计结果表明，随着农民工受教育程度的提高，农民工的教育回报依然是增加的，即高中文化程度的教育回报率高于初中文化程度，中专文化程度教育回报率高于高中文化程度，大专及以上文化程度教育回报率高于中专文化程度。职业身份、产业类别和地区差异的估计结果也与表 6 - 10 的估计结果相一致，并且职业身份、产业类别和地区差异等变量的系数估计值变化也保持一致。在我们关心的指标中逐步加入各类社会保险控制变量，是否参加养老保险、医疗保险和失业保险在三个方程中都显著对农民工小时工资产生正向促进作用。因此，对农民工的社会保障完善不仅有效提高农民工的小时工资收益，而且能促进农民工人力资本积累水平的提高。

表 6 - 12   社会保障对农民工人力资本回报及收益的影响（Ⅱ）

解释变量	方程（1）		方程（2）		方程（3）	
	系数	p 值	系数	p 值	系数	p 值
初　中	0.0518	0.000	0.0522	0.000	0.0519	0.000

续表

解释变量	方程（1）		方程（2）		方程（3）	
	系数	p值	系数	p值	系数	p值
高　中	0.1174	0.000	0.1165	0.000	0.1160	0.000
中　专	0.1613	0.000	0.1582	0.000	0.1569	0.000
大专及以上	0.3599	0.000	0.3530	0.000	0.3484	0.000
经　验	0.0199	0.000	0.0198	0.000	0.0198	0.000
经验平方项	-0.0004	0.000	-0.0004	0.000	-0.0004	0.000
培　训	0.0573	0.000	0.0560	0.000	0.0558	0.000
性　别	0.1577	0.000	0.1578	0.000	0.1580	0.000
职业身份2（服务人员）	-0.1049	0.000	-0.1035	0.000	-0.1034	0.000
职业身份3（技能型工人）	0.0164	0.000	0.0163	0.000	0.0160	0.000
职业身份4（经营管理人员）	0.1781	0.000	0.1757	0.000	0.1754	0.000
第二产业（第一产业为参照）	0.1397	0.002	0.1286	0.000	0.1237	0.000
第三产业（第一产业为参照）	0.1192	0.000	0.1136	0.000	0.1109	0.000
地区虚拟变量（中部地区）	-0.0511	0.000	-0.0490	0.000	-0.0490	0.000
地区虚拟变量（西部地区）	-0.0321	0.000	-0.0313	0.000	-0.0312	0.000
养老保险（是=1）	0.2558	0.000	0.1832	0.000	0.1668	0.000
医疗保险（是=1）	—	—	0.0649	0.000	0.0542	0.000
失业保险（是=1）					0.0618	0.000
常数项	1.4985	0.000	1.4969	0.000	1.4969	0.000
观察值数	41892		41892		41892	

注：因变量为"小时工资的对数"，"小学及以下"作为参照；"—"表示没有控制该变量；p值代表显著性概率；职业身份变量中，以"体力劳动者"为参照。

资料来源：根据国家统计局农民工监测调查资料计算。

第三节　农民工人力资本回报对生产力的含义

对于长期依靠丰富而低工资的劳动力实现了高速增长的国家来说，刘易斯转折点的到来，可以预见劳动力供求关系转变，依赖劳动年龄人口比重优势而产生的人口红利消失，如何保持劳动密集型产业的竞争优势，是面临的重大挑战。这时农民工的人力资本是对这些重大挑战的关键。在劳动力市场配置劳动力资源机制下，我们预期在市

场均衡或市场有效的前提下，劳动力流动与所从事的产业的工资收入
呈正相关，第二产业的人力资本回报要高于第一产业，第三产业的人
力资本回报要高于第二产业，发达地区的劳动生产力要高于欠发达地
区。本部分相应地考察外出农民工人力资本回报在不同产业分组和地
区分组之间的差异，来揭示随着劳动力供求发生转折之后，农民工的
人力资本回报与劳动生产力变动是否一致。

　　表6-13是按受教育年限来衡量，对从事不同产业分组外出农民
工人力资本回报的估计结果。从表6-13中可以看出，按农民工从事
的产业类别分组的估计结果表明受教育年限的回归系数在三个分组中
均显著为正。其中，从事第一产业的农民工的教育回报不显著，从事
第二产业的农民工的教育回报率为3.82%，从事第三产业的农民工的
教育回报率为5.75%，与我们的理论预期一致，结合第一部分农民工
从事不同行业的人力资本分布状况统计结果，人力资本较高的农民工
趋向于流向生产力和工资收益的相对较高的第二产业、第三产业。实
证结果表明，从事第二产业的农民工人力资本回报要高于第一产业，
从事第三产业的农民工人力资本回报要高于第二产业，农民工的人力
资本回报正在与生产力的高低呈现相一致的变动。表6-13中还表明
了一个非常有价值的实证结果，就是培训在第一产业的估计结果不显
著，在第二产业、第三产业的估计值分别为6.34%和9.53%。通常
情况下，第二产业、第三产业培训的内容和技能水平要高于第一产
业，这也是人力资本回报与生产力发展相一致的一个体现。另外，工
作经验、经验平方项以及性别的回归系数也都与第二部分农民工小时
工资方程的估计结果相一致。

表6-13　　　　不同产业就业农民工的人力资本回报（Ⅰ）

解释变量	方程（1）第一产业		方程（2）第二产业		方程（3）第三产业	
	系数	p值	系数	p值	系数	p值
受教育年限	0.0098	0.533	0.0382	0.000	0.0575	0.000
经　验	0.0250	0.000	0.0165	0.000	0.0294	0.000
经验平方项	-0.0005	0.000	-0.0003	0.000	-0.0006	0.000

续表

解释变量	方程（1）第一产业		方程（2）第二产业		方程（3）第三产业	
	系数	p 值	系数	p 值	系数	p 值
性　别	0.2605	0.000	0.1490	0.000	0.1705	0.000
培　训	0.0628	0.355	0.0634	0.000	0.0953	0.000
常数项	1.3823	0.000	1.3535	0.000	0.9004	0.000
观察值数	870		28662		17853	

注：因变量为"小时工资的对数"；p 值代表显著性概率。

资料来源：根据国家统计局农民工监测调查资料计算。

　　表 6 – 14 是按受教育程度来衡量，对从事不同产业分组的外出农民工人力资本回报的估计结果。其中，在第一产业组中，初中文化程度、高中文化程度、中专文化程度、大专及以上文化程度的农民工人力资本回报估计结果除高中文化程度以外，其余均不显著。尤其是中专文化程度、大专及以上文化程度的教育回报为负，这是因为大专及以上文化程度的农民工很少从事第一产业。在第二产业组中，初中文化程度、高中文化程度、中专文化程度和大专及以上文化程度的农民工人力资本回报分别为 0.0374、0.0928、0.1595 和 0.3808，不仅在第二产业分组中，显示了随着受教育程度的提高人力资本回报的递增，而且大专及以上文化程度的教育回报率显著高于初中、高中和中专文化程度的教育回报率。在第三产业组中，初中文化程度、高中文化程度、中专文化程度和大专及以上文化程度的农民工人力资本回报分别为 0.0793、0.1892、0.2615 和 0.5526，这表明在第三产业组中，除了农民工的人力资本回报随着受教育程度的提高而递增外。同时，对于相同受教育程度的外出农民工，第三产业的人力资本回报要高于第二产业。因此，提高农民工的人力资本水平对于提高劳动生产率以及促进产业升级具有十分重要的意义。同时，表 6 – 14 估计结果也显示，工作经验、经验平方项以及性别的回归系数也与本章第二部分农民工小时工资方程的估计结果相一致。

表 6 - 14　　　　　　不同产业就业农民工的人力资本回报（Ⅱ）

解释变量	方程（1）第一产业		方程（2）第二产业		方程（3）第三产业	
	系数	p 值	系数	p 值	系数	p 值
初　　中	0.0610	0.170	0.0374	0.000	0.0793	0.000
高　　中	0.1888	0.016	0.0928	0.000	0.1892	0.000
中　　专	- 0.0076	0.944	0.1595	0.000	0.2615	0.000
大专及以上	- 0.4106	0.393	0.3808	0.000	0.5526	0.000
经　　验	0.0221	0.000	0.0181	0.000	0.0313	0.000
经验平方项	- 0.0005	0.000	- 0.0003	0.000	- 0.0006	0.000
性　　别	0.2504	0.000	0.1517	0.000	0.1774	0.000
培　　训	0.0998	0.157	0.0636	0.000	0.0954	0.000
常数项	1.4531	0.000	1.5461	0.000	1.3143	0.000
观察值数	870		28662		17853	

注：因变量为"小时工资的对数"，"小学及以下"作为参照；p 值代表显著性概率。

资料来源：根据国家统计局农民工监测调查资料计算。

　　表 6 - 15 是按受教育年限来衡量，对不同地区分组就业的外出农民工人力资本回报的估计结果。从表 6 - 15 中可以看出，按农民工外出就业的地区分组的估计结果表明受教育年限的回归系数在三个分组中均显著为正。其中，在东部地区组中，农民工的教育回报率为4.70%，中部地区组中农民工的教育回报率为3.47%，西部地区组中农民工的教育回报率为1.96%。由于东部地区属于经济发达地区，生产力要高于中、西部地区，因此，从地区生产力发展水平来看，东部地区就业的农民工人力资本回报明显高于中、西部地区，体现了农民工人力资本回报对生产力发展所揭示的含义，即人力资本回报是生产力发展的一个集中体现。同时，培训在东部地区、中部地区、西部地区的估计值分别为 0.0727、0.0798 和 0.0840，也表明了，作为人力资本积累的一种方式，培训对农民工人力资本的回报体现出了与经济发展水平和生产力发展水平相一致的情形。同样，工作经验、经验平方项以及性别的回归系数也都与前面实证结果所显示的农民工小时工资方程的估计结果相一致。

表6-15 　　　　　　不同地区就业农民工的人力资本回报（Ⅰ）

解释变量	方程（1）东部地区		方程（2）中部地区		方程（3）西部地区	
	系数	p值	系数	p值	系数	p值
受教育年限	0.0470	0.000	0.0347	0.000	0.0196	0.000
经　验	0.0185	0.000	0.0322	0.000	0.0217	0.000
经验平方项	-0.0003	0.000	-0.0006	0.000	-0.0004	0.000
性　别	0.1373	0.000	0.2307	0.000	0.2240	0.000
培　训	0.0727	0.000	0.0798	0.000	0.0840	0.000
常数项	1.1594	0.000	1.0332	0.000	1.3053	0.000
观察值数	30254		7077		9764	

注：因变量为"小时工资的对数"；p值代表显著性概率。

资料来源：根据国家统计局农民工监测调查资料计算。

　　表6-16是按受教育程度来衡量，对不同地区分组就业的外出农民工人力资本回报的估计结果。其中，在东部地区组中，不同受教育程度的估计系数均显著为正，初中文化程度、高中文化程度、中专文化程度和大专及以上文化程度的农民工人力资本回报分别为0.0538、0.1466、0.2244和0.4939，显示了随着受教育程度的提高，人力资本的回报依然是增加的一致性。在中部地区组中，同受教育程度的估计系数均显著为正，初中文化程度、高中文化程度、中专文化程度和大专及以上文化程度的农民工人力资本回报分别为0.0583、0.1175、0.1464和0.4136。在西部地区组中，不同受教育程度的估计系数均显著为正，初中文化程度、高中文化程度、中专文化程度和大专及以上文化程度的农民工人力资本回报分别为0.0200、0.0547、0.1319和0.2880。从表6-16中的实证结果还可以看出，三个地区组中，在东部地区就业的农民工人力资本回报要高于中部地区和西部地区。值得注意的是，表6-16的结果显示培训在东部地区、中部地区、西部地区的估计值分别为0.0717、0.0829和0.0844，与表6-16按受教育年限衡量的不同地区分组就业的外出农民工人力资本回报的估计结果相一致，可以相互印证。

表6-16　　　　　不同地区就业农民工的人力资本回报（Ⅱ）

解释变量	方程（1）东部地区		方程（2）中部地区		方程（3）西部地区	
	系数	p值	系数	p值	系数	p值
初　中	0.0538	0.000	0.0583	0.000	0.0200	0.000
高　中	0.1466	0.000	0.1175	0.000	0.0547	0.000
中　专	0.2244	0.000	0.1464	0.000	0.1319	0.000
大专及以上	0.4939	0.000	0.4136	0.000	0.2880	0.000
经　验	0.0205	0.000	0.0338	0.000	0.0233	0.000
经验平方项	-0.0004	0.000	-0.0007	0.000	-0.0005	0.000
性　别	0.1444	0.000	0.2352	0.000	0.2280	0.000
培　训	0.0717	0.000	0.0829	0.000	0.0844	0.000
常数项	1.5012	0.000	1.2671	0.000	1.4321	0.000
观察值数	30254		7077		9764	

注：因变量为"小时工资的对数"，"小学及以下"作为参照；p值代表显著性概率。

资料来源：根据国家统计局农民工监测调查资料计算。

第四节　增加农民工人力资本应对
刘易斯转折点的挑战

从中国经济发展和劳动力市场的现实观察，随着中国劳动力供求发生根本转变，普通劳动力即人力资本水平较低的农民工供给短缺时，未来经济增长所需的劳动力供给，尤其是适应经济发展方式转变和经济发展阶段转变的劳动力资源供给则是刘易斯转折点之后面临的主要挑战之一。由于中国人口转变的因素，未来经济发展所需的劳动力主要来自农村向城镇的迁移，农民工人力资本回报不仅是外出迁移决策价格信号，而且具有非常重要的经济政策含义。本章根据国家统计农民工监测调查样本数据，详尽地分析和评价了农民工的教育、工作经验、培训等人力资本回报，从统计和实证研究结果我们得到以下结论和政策建议。

首先，整体上外出农民工的人力资本水平还较低，以初中及以下文化程度占主要比重；15—24岁年龄组的农民工人力资本水平最高，高中以上文化程度的比重占到了将近一半；东部地区的农民工人力资本整体水平要高于中西部地区，农民工接受非农技能培训的比重比较低，仅占外出总量的1/3，尤其是15—24岁年龄组受教育程度较高的青年农民工群体的非农就业技能培训比重低。

其次，总体上，外出农民工就业的行业分布和小时工资差异反映了农民工群体内部本身人力资本特征的差异，人力资本相对较高的农民工从事收入较高、对劳动技能和文化程度要求较高的行业，而人力资本相对较低的农民工从事以体力劳动为主的行业；人力资本水平和特征的差异反映在职业分布和工资收入上的差异；农民工参加各类社会保险的差异与其人力资本特征差异相关。

再次，整体上农民工的教育回报率为4.8%—5.8%，并且人力资本回报随着受教育水平的提高而增加，培训依然对农民工的小时工资收益产生显著的增加作用；外出农民工从事的产业类别、职业身份和地区差异，都对农民工的人力资本回报产生了显著的影响，尤其值得关注的是，各类社会保险都对农民工的人力资本回报产生了显著的促进作用。

最后，从生产力发展水平依次递进的产业角度来看，从事第二产业的农民工人力资本回报要高于第一产业，从事第三产业的农民工人力资本回报要高于第二产业；从生产力发展水平的地区差异来看，东部地区就业的农民工人力资本回报明显高于中西部地区。因此，体现了农民工人力资本回报与生产力发展水平相一致的含义。同时，作为人力资本积累的一种方式，培训对农民工人力资本的回报体现出了与经济发展水平和生产力发展水平相一致的情形。

从以上结论可以得出，无论是对于农民工的个人收益还是提高劳动生产率促进经济持续增长，增加农民工的人力资本不仅有很大空间而且十分必要。农民工的人力资本回报显示出劳动力市场机制配置劳动力资源的作用，即人力资本相对较高的劳动力资源流向和分布于人力资本回报和生产力相对较高的产业、职业和地区。因此，提高农民工的人力资本积累水平，是提高劳动生产率、增加劳动供给的核心所在。对此，我们提出以下几点政策含义：

首先，外出农民工整体上人力资本水平较低，由于目前劳动力供给主要来自农村转移劳动力，对人力资本特别是农民工的人力资本提出了更高的要求。农民工的教育水平，既决定了我国劳动力的人力资本的总体水平，也决定了劳动生产力的总体水平，甚至经济增长的可持续性。由于农村处于义务教育年龄的人口比重大，对教育公共投入应该有较大倾斜，这样在将来能有效地增加农民工人力资本积累水平的巨大供给潜力。

其次，培训是增强农民工人力资本积累水平的一种有效方式，对农民工人力资本的回报具有显著的促进作用。因此，加强农民工培训，尤其是15—24岁青年农民工群体的培训与加强对农民工的职业技能教育结合起来，以进一步增加农村转移劳动力的人力资本积累水平。尽管近年来中央政府出台和实施了一系列农民工培训项目，但是这些项目往往资金和管理分散，在方式上以供方培训为主，培训质量和效率等问题较为突出。因此，加强培训资源整体和管理一体化，引入以需求为主的培训方式，将有助于提供培训资源的使用效果，有助于促进农民工技能提高和实现就业。

最后，社会保障对农民工的人力资本回报有显著的促进作用，建设更具包容性的社会保障体系，提高农民工群体的社会保险覆盖率，有助于激励农民工增加人力资本投资和积累水平。当前应着眼于把社会保障为主要内容的福利同户籍身份剥离，或者说，把福利上的差距缩小到无须借助户籍身份的转变即可共享公共服务，使户籍制度改革形成一体化的劳动力市场和城乡统筹的公共服务体系。

未来在劳动力无限供给特征消失的情况下，没有全要素生产率的提高，不可能维持中国经济增长的可持续性，而要提高全要素生产率的表现，提高劳动力的人力资本则是关键。因此，增加农民工的人力资本对于保持我国劳动力人力资本积累的可持续性具有十分重大的战略意义。

参考文献

Acemoglu, D. (2002), Technical Change, Inequality, and the Labor Market, *Journal of Economic Literature*, 40 (1), 7 –72.

Akay, A., O. Bargain & K. F. Zimmermann (2011), Relative Concerns of Rural – to – Urban Migrants in China, *IZA Discussion Paper*, No. 5480.

F. Cai & Y. Du (2011), Wage Increases, Wage Convergence, and the Lewis Turning Point in China, *China Economic Review*, 22 (4), 601 –610.

X. Meng & J. Zhang (2001), The Two – Tier Labor Market in Urban China: Occupational Segregation and Wage Differentials between Urban Residents and Rural Migrants in Shanghai, *Journal of Comparative Economics*, 29 (3), 485 – 504.

Roberts, K. D. (2001), The Determinants of Job Choice by Rural Labor Migrants in Shanghai, *China Economic Review*, 12 (1), 15 –39.

Q. Wang (2010), From "Migrant Workers Boom" to "Migrant Workers Scarcity" —Analysis of Institutional Bottleneck of Rural Surplus Labors Transfer in China, *Asian Agricultural Research*, 2 (11), 13 –16.

C. Xing (2010), Migration, Self – Selection, and Income Distributions: Evidence from Rural and Urban China, *IZA Discussion Paper*, No. 4979.

J. Zhang & Z. Zhao (2011), Social – Family Network and Self – Employment: Evidence from Temporary Rural – Urban Migrants in China, *IZA Discussion Paper*, No. 5446.

X. Zhang J. Yang & S. Wang (2011), China Has Reached the Lewis Turning Point, *China Economic Review*, 22 (4), 542 – 554.

蔡昉:《中国人口与劳动问题报告 No. 8——刘易斯转折点及其政策挑战》,社会科学文献出版社 2007 年版。

蔡昉:《人口转变、人口红利与刘易斯转折点》,《经济研究》2010 年第 4 期。

李实：《中国居民收入分配研究Ⅲ》，北京师范大学出版社 2008 年版。

刘林平、张春泥：《农民工工资：人力资本、社会资本、企业制度还
　　是社会环境？——珠江三角洲农民工工资的决定模型》，《社会
　　学研究》2007 年第 6 期。

任远、陈春林：《农民工收入的人力资本回报与加强对农民工的教育
　　培训研究》，《复旦学报》（社会科学版）2010 年第 6 期。

王德文、蔡昉、张国庆：《农民工的就业与工资决定：教育与培训的
　　重要性》，《中国社会科学》（英文版）2010 年第 3 期。

武向荣：《中国农民工人力资本收益率研究》，《青年研究》2009 年第
　　4 期。

小罗伯特·E. 卢卡斯：《经济发展讲座》，江苏人民出版社 2003
　　年版。

张泓骏、施晓霞：《教育、经验和农民工的收入》，《世界经济文汇》
　　2006 年第 1 期。

第七章　农民工的社会保护

社会保险是社会保障体系的核心部分。中国的社会保险制度在城镇和农村之间走的是两条截然不同的道路。城市社会保险制度与工业化同时起步、平行发展，城镇社会保险体系包括养老保险、失业保险、医疗保险、工伤保险和生育保险。而农村社会保险不仅起点低，而且发展缓慢。目前，城镇社会保障体系已经比较健全，而在农村社会保障体系中具有核心意义的社会保险制度并没有建立起来。从社会保障覆盖率来看，城镇本地劳动者参加社会养老保险、医疗保险的比例达到70%左右，参加失业和工伤保险的比例达到30%左右，而农村居民参加社会保险的比例微不足道。

表 7-1　　　　　　　　中国城乡社会保障制度的差异

保险类别		城市社会保障	农村社会保障
养老保险	保障方式	社会统筹和个人账户相结合	家庭保障为主，与社区扶持结合
	保障对象	城镇所有劳动者	有条件地区实行养老保险
	资金来源	国家、企业、个人共同承担	个人缴费为主，集体补助为辅，国家予以政策扶持
	统筹范围	全省（市）	全县
	保障性质	强制性	自愿性
	资金运行	半积累半现收现付制	完全积累制
医疗保险		社会统筹和个人账户相结合	个人健康保险或合作医疗
失业保险		普遍建立，单位和个人共同缴费	尚未建立
工伤保险		普遍建立，单位缴费	尚未建立
生育保险		普遍建立，单位缴费	个别地区在试点

续表

保险类别	城市社会保障	农村社会保障
社会福利	职工福利：福利设施、休假等 公办福利：福利院、敬老院等 教育服务：九年制义务教育	基本没有 "五保户"、养老院、农村社会服务 九年制义务教育
社会救助	最低生活保障制度和城市扶贫	农村救济、救灾和扶贫
优抚安置	优待、抚恤、安置	优待、抚恤、安置
自愿补充保障	企业保障、商业保险	少量商业保险

资料来源：《中国劳动与社会保障体制改革 30 年研究》，经济管理出版社 2008 年版。

我们根据中国社会科学院第三轮城市劳动力调查数据测算了本地和外来劳动力的总体就业稳定性。总体的就业稳定性来源于两个方面，一个是社会为之提供的社会保护，另一个是其所从事岗位为其提供的岗位保护。根据一些具体的评分方法我们设定出总体的就业稳定性最高为 10 分。图 7 - 1 给出了本地和外来劳动力各自的情况。我们看到本地劳动力的工作稳定性远远高于外来劳动力，不论是社会保护方面还是岗位保护方面都是如此。本地劳动力的就业稳定性平均达到5.35 分，外来劳动力只有 2.09 分。我们再来分别看一下劳动者获得的社会保护和岗位保护的情况。可以看到，本地劳动力获得的社会保护程度是很高的，平均为 3.86 分。然而相比之下，外来劳动力获得的社会保护则非常微弱，平均只有 1.31 分。再来看岗位保护的情况，可以看出，相对于社会保护，劳动力获得的岗位保护相对不足，无论是对于本地劳动力还是外来劳动力都是如此。本地劳动力获得的就业保护为 1.49 分，外来劳动力则为 0.78 分。另外，从图 7 - 1 中给出的本地劳动力与外来劳动力之间的相对分值（外来劳动力的分值/本地劳动力的分值）可以看出，二者在社会保护方面的差异更大，具体来说，外来劳动力受到的社会保护水平仅仅为本地劳动力的 34%，而对于岗位保护则为 52%。综合来看，外来劳动力的就业稳定性为本地劳动力的 39% 左右。

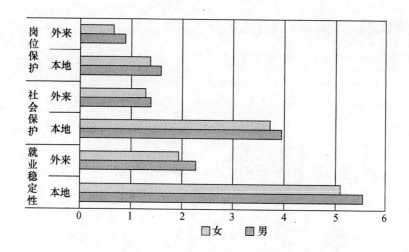

图7 - 1　本地和外来就业的稳定性比较

资料来源：根据第三轮中国城市劳动力市场调查（CULS3）数据整理。

第一节　农村社会保障基本情况

　　图7 - 2 给出了农村劳动力享受社会保障的基本情况，包括享受了养老保险、工伤保险、医疗保险、失业保险、生育保险以及住房公积金的比例，并且还分东、中、西三个区域做了比较。我们看到，农村劳动力受到社会保护的覆盖的总体情况并不乐观，东部地区的社会保障相对较好，中西部的覆盖情况差。首先我们看最基础的三项社会保障，养老保险、医疗保险和失业保险的情况。在东部地区，农村劳动力加入养老保险的比例仅为17%，在中西部很低，约为5%；对于医疗保险，我们看到，东部地区农村劳动力享有的比例约为17%，中西部地区则不到10%；而对于失业保险，在东部地区覆盖的农村劳动力约为8%，中西部地区只有2%—3%。相对而言，工伤保险对农村劳动力的覆盖相对广泛一些，像在东部地区约达到27%，在中西部地区为18%—21%。此外，从图7 - 2 中我们还了解到，生育保险和住房公积金对农村劳动力的覆盖基本上处于缺失状态，在中、西部的覆

盖率接近0，在东部地区也仅为5%左右。

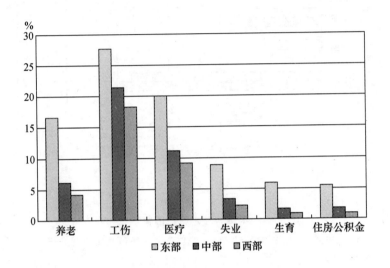

图7－2　农村劳动力社会保障基本覆盖情况

资料来源：2010年国家统计局农民工监测调查。

　　进一步地，我们可以了解一下不同就业类型的农村劳动力在享受社会保护方面的差异（见表7－2）。可以看到，企业经营管理人员以及办事人员是各种就业类型的农村劳动力中享受社会保护最多的群体，其次是专业技术人员，其他就业类型的农村劳动力受社会保护覆盖的比例很少。企业经营管理人员和办事人员中约有28%享有养老保险，35%左右享有医疗保险；专业技术人员中约有17%享有养老保险，22%享有医疗保险。

　　但同时我们看到（见图7－3），农村劳动力更多从事农林牧渔和生产操作类型的工作。有近60%从事农业，而从表7－2中我们了解到从事这些工作的劳动力几乎未受到任何社会保护的覆盖，享有养老保险和失业保险的不到1%，享有医疗保险的只有不到3%。从事生产运输类工作的劳动力的情况略好于农业从业人员，但是也仅有8%受到养老保障的覆盖，13%有医疗保险，4%左右有失业保险。

表7-2　　　　　　　　　　不同就业类型的社会保障覆盖情况　　　　　　单位:%

人员类型	养老保险	工伤保险	医疗保险	失业保险	生育保险	住房公积金
私营企业主	2.55	12.74	3.82	2.55	0.64	
企业经营管理人员	27.99	47.36	35.04	14.44	10.04	11.62
个体经营人员	5.86	13.95	9.51	3.96	1.43	2.22
专业技术人员	17.15	31.20	22.45	9.36	6.03	6.78
办事人员和有关人员	25.67	33.72	31.52	14.18	10.05	10.74
商业人员	7.56	16.73	10.2	4.66	3.27	2.71
服务业人员	6.03	14.86	10.47	3.36	1.81	1.54
农林牧渔水利业生产人员	0.76	7.37	2.53	0.84	0.38	0.63
生产运输设备操作人员及有关	8.36	26.72	13.05	4.16	2.23	1.97
其他从业人员	5.61	16.28	10.79	2.88	1.67	1.40

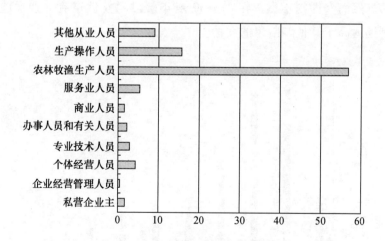

图7-3　农村劳动力基本就业状况

资料来源:2010年国家统计局农民工监测调查。

第二节　各类社会保护对农村
劳动力的覆盖情况

　　接下来我们分别考察各类社会保险对不同群体农村劳动力的覆盖
情况。图7-4给出了不同年龄组分性别的农村劳动力享受养老保险
的比例。我们看到，相对而言，在青壮年的两个年龄组，即21—30
岁的年龄组的农村劳动力受到养老保险覆盖的比例相对较高，这个年
龄段女性受到养老保险覆盖的比例要低于男性，在这两组中，女性覆
盖的比例约为3%，男性不到5%。在这两个组的年龄段的基础上，
随着年龄的增加或者减少农村劳动力享受养老保险的比例会随之下
降，但是总体上男性受到养老保险覆盖的比例高于女性。同时我们发
现，从年龄分组的情况上来看，男性在不同年龄组享受养老保险的差
异相对略小，总体上来说，养老保险在不同年龄的男性上的分布相对
均衡。然而女性则不然，在21—30岁年龄段的女性享有养老保险的
比例远远高于其他年龄组的女性。

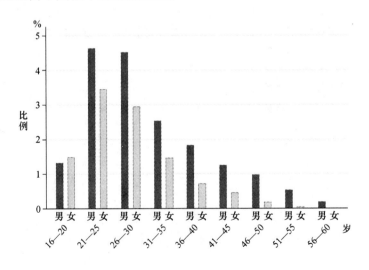

图7-4　养老保险的覆盖情况（按年龄分组）

资料来源：2010年国家统计局农民工监测调查。

　　我们再来看工伤保险对农村劳动力的覆盖情况。图7－5给出了不同年龄组分性别的农村劳动力享受工伤保险的比例。我们看到，相对于其他类型的社会保护，工伤保险对农民的覆盖相对较好，同样主要集中于21—30岁的年龄组，对于21—30岁年龄组的农村劳动力覆盖率基本在10%左右，对于31—40岁年龄组的男性也在5%以上。较之21—40岁年龄组的农村劳动力，16—20岁的农村劳动力受到工伤保险覆盖的比例略低，男女都不到5%。而在30岁及以上的年龄组，随着年龄的提高其受到工伤保险覆盖的比例开始逐渐下降，且男性的覆盖比例显著高于女性。

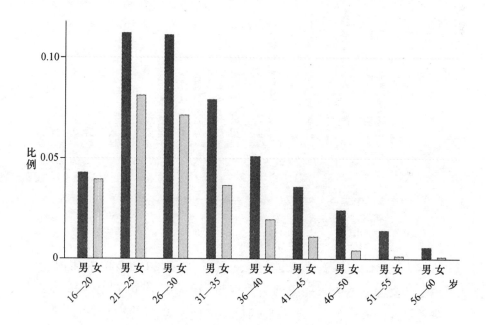

图7－5　工伤保险的覆盖情况（按年龄分组）

资料来源：2010年国家统计局农民工监测调查。

　　图7－6给出了医疗保险对不同年龄性别组农村劳动力的覆盖比例。我们看到，相对而言在青壮年的2个年龄组，即21—30岁的年龄组的农村劳动力受到医疗保险覆盖的程度相对较高，而且这2个年龄组的女性受到医疗保险覆盖的比例要低于男性，这个年龄段女性医

疗保险的覆盖比例约为5%，男性为7%左右。在除了21—30岁年龄段的农村劳动力以外，年龄在30岁以上的年龄组随着年龄的增加农村劳动力享受医疗保险的比例会随之下降，而年龄在20岁及以下的年龄组则随着年龄的减少受到医疗保险覆盖的程度逐渐减低，但是男性受到养老保险覆盖的比例高于女性。

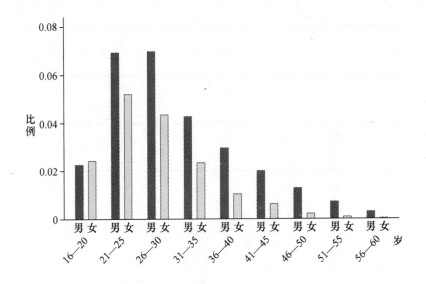

图7-6　医疗保险的覆盖情况（按年龄分组）

资料来源：2010年国家统计局农民工监测调查。

从失业保险的覆盖情况上看（见图7-7），20岁及以下和45岁及以上的女性基本上未能受到失业保险的保护，而对于21—45岁享有失业保险的群体，女性被覆盖的比率又低于男性。而生育保险的覆盖情况则是女性高于男性，男性被生育保险覆盖的比率很低，仅有不到1.5%，女性在育龄期有部分受到生育保险的覆盖，但不同年龄群体均未超过2%。

最后我们再看住房公积金的覆盖情况（见图7-8）。应该说，住房公积金的福利对农村劳动力的覆盖非常少，最高的群组仅仅为1.6%，可以认为住房公积金对于农村劳动而言几乎是缺失的。

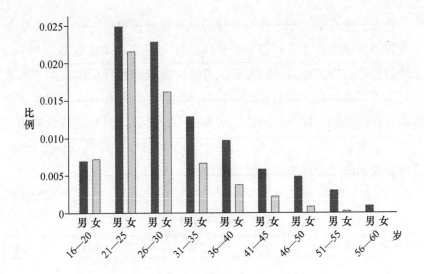

图 7－7　失业保险的覆盖情况（按年龄分组）

资料来源：2010 年国家统计局农民工监测调查。

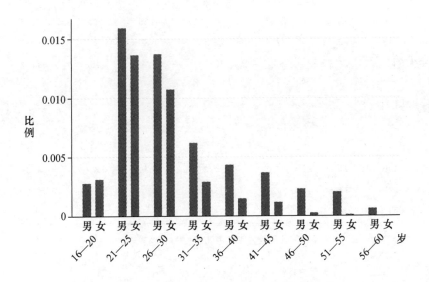

图 7－8　住房公积金的覆盖情况（按年龄分组）

资料来源：2010 年国家统计局农民工监测调查。

我们再来看一下教育和农村劳动力所受各类社会保障情况的关系（见表 7－3）。可以看到，对于教育程度为零的劳动力而言，其享有

的社会保护也几乎为零，仅仅有部分享有医疗保险。总体上看，随着
受教育程度的提高，农村劳动力受到的社会保护程度也更高。大专以
上受教育程度的劳动力，33%以上都享有养老和医疗保险，对于男性
还是女性都是如此。我们看到，具有小学教育水平和初中教育水平的
劳动力在受到社会保护方面的差别并不十分显著，但在之后从初中到
高中、高中到大专，一直到大专以上，受教育程度每提高一个等级，
劳动力受到的社会保护都有明显的改善。

表 7 - 3			受教育程度与社会保护			
受教育程度	养老保险	工伤保险	医疗保险	失业保险	生育保险	公积金
男　　性						
不识字	0	0	14.71	0	0	0
小　学	2.19	9.85	5.47	0.36	0.36	0
初　中	3.83	18.69	7.38	1.91	0.71	0.82
高　中	10.26	23.31	13.75	4.66	2.33	2.33
大　专	22.22	37.91	26.14	9.80	6.54	6.54
大专以上	34.75	33.9	33.05	19.49	10.17	17.8
女　　性						
不识字	0	0	4.55	0	0	0
小　学	3.14	14.66	7.33	1.05	0.52	0
初　中	4.64	17.49	8.22	2.21	1.16	1.16
高　中	11.49	17.82	14.37	5.75	4.02	3.45
大　专	14.66	29.31	23.28	6.9	6.90	5.17
大专以上	33.33	39.08	33.33	26.44	21.84	14.94

资料来源：2010 年国家统计局农民工监测调查。

第三节　社会保护的决定因素

前面我们对不同特征的群体描述了其受到社会保护覆盖的情况。
这里我们可以进一步了解影响农村劳动力受各项社会保护覆盖的各

种因素的效果。首先我们以是否受到养老保险（工伤保险、医疗保险、失业保险、生育保险、住房公积金）作为 0—1 被解释变量构建 Probit 方程，模型的解释变量包含性别、年龄、户口状况（农业户口或非农户口）、户籍所在地、婚姻状况以及受教育程度（见表 7 –4）。

总体而言，我们看到，户口状况（包括户籍所在地）和受教育程度是影响农村劳动力社会保障状况的最主要的影响因素。主要体现在非农业的户口类型可以显著提高劳动力得到各类社会保障的概率。相对于初中及以下的受教育程度，具有高中以上的学历也会大大提高劳动力获得各类社会保护的概率。在养老、医疗和工伤保险上，女性获得保护的概率要低于男性。

进一步地，我们可以采用 gfields 方法对影响各类保险获得的因素进行分解，这里将以各类社会保障的决定方程，估计出获取社会保护的决定因素，并在此基础上利用 Fields 分解方法识别出各因素的解释程度（Fields，2002）。这种基于对回归方程的来源分解，通过量化回归方程中各个变量对被解释变量程度的影响，能够对社会保障的获得差异做出更进一步的综合解释。

Fields 分解的基本方法为，给定方程：

$$\ln y = \alpha + \beta_1 x_1 + \beta_2 x_2 + \cdots + \beta_J x_J + \varepsilon$$

该方程共有 J 个解释变量（不含常数项和残差项），方程的拟和优度则为全部解释变量对收入差异的共同贡献，收入差异可以分解为：

$$s_j = \frac{cov(\beta_j x_j, \ \ln y)}{var(\ln y)}$$

其中，x_j 和 β_j 分别为因变量 $\ln y$ 的解释因素及相应的估计系数，s_j 表示总体收入差异中解释变量 j 的贡献。

但是我们知道 gfields 的分解依据 OLS 的估计结果。我们发现 OLS 的估计结果总体上与 Probit 模型估计出的各变量的效果是一致的，因此我们可以采用 gfields 方法进行影响因素的源泉分解。

表 7 - 4　　　　社会保障获得的影响因素（Probit 模型）

解释变量	养老保险	工伤保险	医疗保险	失业保险	生育保险	住房公积金
女性	-0.2258**	-0.3191**	-0.2579**	-0.1776**	-0.0138	-0.1584**
年龄	-0.0222**	-0.0289**	-0.0251**	-0.0197**	-0.0187**	-0.0171**
户口——非农	0.5401**	0.2581**	0.4423**	0.6278**	0.5516**	0.6346**
户口——其他	0.3521**	-0.0498	0.0819	0.0914	0.0188	0.2154
户籍地——乡外县内	0.3882**	0.2021**	0.2829**	0.2448**	0.2670**	0.3278**
户籍地——县外省内	0.2636**	0.3478**	0.2810**	0.1624**	0.2103**	0.3197**
户籍地——省外	0.2327**	0.4136**	0.3478**	0.0438	0.0324	0.1194
户籍地——其他	-0.0658	0.3007	0.3663*	-0.0724	-0.0822	0.3461
婚姻状况	0.1995**	0.1927**	0.1642**	0.1402**	0.1631**	0.1639**
高中	0.1530**	-0.0794**	0.0448**	0.1353**	0.1845**	0.1902**
大专	0.6138**	0.3211**	0.4792**	0.5648**	0.6399**	0.6259**
大专及以上	0.6471**	0.1985**	0.4823**	0.6624**	0.7581**	0.8761**
常数项	-0.0242	-0.0208	-0.0219	-0.0291	-0.0347	-0.0349
调整的 R^2	0.0356	0.0306	0.0328	0.0260	0.0200	0.0307
AIC	32782	72667	47513	19307	12252	11212
观测数	237315	237315	237315	237315	237315	237315

注：**、* 分别表示在5%、10%水平上显著。

　　从这样的分解结果中我们更加清楚地看到（见表 7 - 5），受教育程度是众多解释变量中对是否获得各类社会保障的最大的影响因素。除了工伤保险以外，教育变量对获取社会保障差异上的贡献占到可解释部分的 45% —55%（工伤保险除外）。应该说教育对社会保障获取上的影响主要源自教育决定了劳动力可进入的就业行业和职业。受教育程度越高，劳动力越能够进入那些稳定性较强的部门，获得较好的社会保障的覆盖。

表 7 - 5　　　　　　　各因素对社会保障获得情况的贡献

解释变量	养老保险	工伤保险	医疗保险	失业保险	生育保险	公积金
			贡　献			
性　别	0.0008	0.0034	0.0015	0.0003	0.0000	0.0002
年　龄	0.0028	0.0097	0.0052	0.0015	0.0009	0.0006
户　籍	0.013	0.0043	0.0091	0.0107	0.0075	0.0139
婚姻状况	-0.0001	0.0002	0.0002	0.0000	0.0000	-0.0001
教　育	0.0171	0.0052	0.013	0.0127	0.0112	0.0156
			贡献率(%)			
性　别	2.38	14.91	5.17	1.19	0.00	0.66
年　龄	8.33	42.54	17.93	5.95	4.59	1.99
户　籍	38.69	18.86	31.38	42.46	38.27	46.03
婚姻状况	-0.30	0.88	0.69	0.00	0.00	-0.33
教　育	50.89	22.81	44.83	50.40	57.14	51.66

　　我们看到，除了受教育程度以外，户籍制度是另外一个影响社会保障获取上差异的重要因素，其贡献占到全部可解释部分的 30% —50%（工伤保险除外）。我们看到，不仅户口类型是影响社会保障获得的因素，户籍所在地也是影响社会保障程度的因素。这是因为，我国的社会保障制度不仅存在城乡之间的差别，而且在城乡社会保障制度内部仍然存在巨大差异。中国实行的是属地化的社会保障制度，即以户籍作为享受社会保障的基础。各地在社会保险的险种设置、缴费比例与享受水平等方面千差万别。这种地区分治管理，对于流动性较

大的农村劳动力获得有效的社会保障的保护形成了巨大障碍。

中国正处于工业化、城市化和经济快速发展阶段，在过去以及今后相当长的一段时期，有大量的农村劳动力进城就业，为经济的增长做出巨大贡献。然而针对农村劳动力的社会保障基础仍然薄弱。要完善对农村劳动力的社会保护，首先，需要发展农村教育，提高未来农村劳动力的受教育水平，使之有更多的机会从事体面就业，从而获取更多的社会保障以外。其次，还应该加快社会保障在区域间的统筹，这对于流动性更大的农民工切实享受社会保障的保护意义重大。

参考文献

Fields, G. S. (2002), Accounting for Income Inequality and its Change: A New Method, with Application to the Distribution of Earnings in the United States, Unpublished Memo, Cornell University.

第八章　最低工资与农民工就业

为保障低技能劳动力特别是农民工群体能够合理地分享改革开放和经济增长的成果，中国政府早在 1995 年就颁布实施了最低工资制度。随着时间的推移，最低工资的覆盖面越来越广，最低工资标准不断得以提升。然而，由于微观数据的匮乏，关于中国最低工资制度实施效果的研究却相对较少。

最低工资提升的就业效应不仅是最低工资制度评价的主要内容，而且是分析最低工资提升的其他经济效应（如人力资本效应和收入分配效应）的基础。根据劳动经济学理论，在一个完全竞争的劳动力市场中，最低工资提升会对就业产生消极影响；但在一个买方垄断的劳动力市场中，如果初始最低工资标准较低，则最低工资提升通常会对就业产生积极影响（Cahuc and Zylberberg，2004）。由于现实经济中的劳动力市场通常处于完全竞争和买方垄断之间，因而在理论上无法准确地识别最低工资提升对就业的真实影响，而必须通过经验研究加以解答。

国外学者针对最低工资提升的就业效应进行了大量的经验研究，但迄今为止，相关经验研究结果却存在明显的差异，一些研究发现最低工资标准提升不会对就业产生消极影响（Card and Krueger，1994，2000；Dickens et al.，1999；Machin et al.，2003），而另一些研究则发现最低工资标准提升会对就业产生消极影响（Burkhauser et al.，2000；Neumark and Wascher，1992）。Neumark 和 Wascher（2008）通过对相关研究结果的综合分析指出，研究结果出现差异的原因主要包括：（1）研究方法存在差异，早期研究通常采用以宏观经济数据为基础的时间序列模型，而近年来通常采用以微观数据为基础的面板数据模型和自然实验方法；（2）样本选择存在差异，一些针对特定行业的研究通常得到正面的就业效应，而针对所有行业的研究通常得到负面的就业效应。同时，Neumark 和 Wascher（2008）还指出，大量的实证研究结果表明：在西方主要国家，最低工资提升对就业的影响，无论是积极的还是消极的，均比较弱。

近年来，中国各地方政府多次提高最低工资标准，为研究最低工资标准提升的就业效应提供了丰富的数据基础。国内一些学者陆续开始针对中国最低工资提升的就业效应展开研究，目前主要的工作分为两类：（1）依据宏观经济数据，应用时间系列模型分析最低工资提升对农民工就业的影响（罗小兰，2007a；2007b；2007c），这类研究存在的问题无法考虑个体异质性对就业的影响；（2）依据微观横截面数据，应用微观经济计量方法分析最低工资提升对农民工和城镇居民就业的影响（丁守海，2009；2010；张世伟等，2009），这类研究存在的问题无法考虑经济环境变化和个体之间的相互作用。总体来看，目前关于中国最低工资提升就业效应的研究存在研究内容相对单薄和研究方法相对滞后的问题，进而导致对中国最低工资提升的作用机理和效果缺乏全面和深刻的理解。

基于上述分析，本章拟将最低工资标准提升作为自然实验①，应用就业方程控制个体异质性，应用"双重差分"方法（Difference in Differences，DID）分析最低工资标准提升对低技能劳动力就业的影响。本章第一节介绍我国的最低工资制度，第二节介绍自然实验和"双重差分"方法，第三节给出最低工资调整对就业影响的统计描述，第四节对最低工资的就业效应进行评估，第五节给出研究结论。

第一节 我国的最低工资制度

最低工资作为一项典型的劳动力市场制度已经存在了一个多世

---

① 自然实验法能够有效地解决估计结果的内部和外部有效性问题（如经济环境变化和个体之间相互作用等），目前已经成为公共政策分析的有力工具（Angrist and Pischke，2009）。

纪。现在，世界上大部分发达国家均确立了最低工资制度。中国政府尽管在 1984 年就正式承认了《制定最低工资确定办法公约》，但直到1993 年，原劳动部才发布了一个《企业最低工资规定》。在这个规定中，最低工资的调整频率被设定为每年不超过一次。这个规定要求中国境内的所有企业均应遵守《企业最低工资规定》，各省级地方政府要根据最低生活费用、职工的平均工资、劳动生产率、城镇就业状况和经济发展水平等因素确定合理的最低工资标准。这使省级政府在调整最低工资方面具有很大的灵活性，一些省份为了吸引外商投资以发展经济很少调整最低工资标准（Wang and Gunderson，2011）。中国在 1995 年的《劳动法》中正式确立了最低工资制度。因此，大部分省份在 1995 年前后正式公布了第一个月最低工资标准。

2004 年，原劳动和社会保障部公布了一个更加一般化的《最低工资规定》以取代 1993 年的《企业最低工资规定》。在这个新的《最低工资规定》中，最低工资的调整频率被设定为每两年不少于一次，这与 1993 年的《企业最低工资规定》有明显不同。同时，企业在支付最低工资时应该剔除加班工资、特殊工作环境补贴和其他福利待遇等，企业违反最低工资规定所受到的处罚也由所欠工资的 20%—100% 增加到了 100%—500%。新的《最低工资规定》中同时也确立了适用于非全日制用工的小时最低工资制度。

2008 年 5 月 1 日生效的《劳动合同法》也包含了多个关于最低工资的条款。但在 2008 年年底，为了应对国际金融危机的挑战，人力资源和社会保障部下发通知要求各省级政府在 2009 年暂缓上调最低工资标准。但随着金融危机影响逐渐褪去，各省市在 2010 年开始又掀起了新一轮最低工资的调整热潮。2010 年，31 个省市区中有 30 个省市区上调了最低工资标准，平均调整幅度达到了 22.8%；2011 年，24 个省市区上调了最低工资标准，平均调整幅度达到了 22%；2012 年，24 个省市区上调了最低工资标准，平均调整幅度达 20.2%；2013 年，我国又有 26 个省市上调了最低工资标准，平均调整幅度也超过了 20%；截至 2014 年 4 月底，又有 8 个省市上调了最低工资标准，平均调整幅度为11%；我国的"十二五"规划也提出要"完善最低工资和工资指导线制度，逐步提高最低工资标准"。可见我国已经进入了一个最低工资标准的频繁调整时期。

与大多数发达国家不同，我国没有设立一个全国统一的最低工资标准，而是由各省（市、自治区）自行确定本行政区域内的最低工资标准并报人力资源和社会保障部备案。此外，《最低工资规定》还允许各省可根据省内不同区域的经济发展情况实行差异化的最低工资标准。为了度量各省市历年的最低工资标准，本章首先根据各省历次最低工资标准的调整情况计算了历次调整的平均最低工资；然后，对于未调整最低工资标准的年份，以上一次最低工资标准调整的平均值作为本年度实行的平均最低工资标准；之后对于一年内有多个最低工资标准执行的情况，以各个最低工资标准的实际执行天数为权重计算该年度内的加权平均最低工资标准；最后，计算整理得到各省（市、自治区）历年最低工资标准。

表8-1给出了我国各省（市、自治区）历年最低工资调整的平均间隔和幅度。可以发现，各省（市、自治区）最低工资标准的调整间隔与调整幅度呈现很强的相关性（相关系数为0.94）：北京、上海和天津等经济较发达的直辖市平均每隔一年都会调整一次最低工资标准，但调整的平均幅度均不高，仅为10%左右；其他大部分省（市、自治区）平均两年左右调整一次最低工资标准，每次调整的幅度在20%左右。

表8-1　　　　　　　　　我国各省份最低工资调整情况

省　份	调整间隔（年）	调整幅度（%）	省　份	调整间隔（年）	调整幅度（%）	省　份	调整间隔（年）	调整幅度（%）
北　京	0.95	10.65	安　徽	1.85	20.43	重　庆	1.76	22.27
天　津	1.14	13.34	福　建	1.26	11.83	四　川	1.80	22.26
河　北	1.59	20.61	江　西	2.24	27.20	贵　州	2.00	22.25

续表

省　份	调整间隔(年)	调整幅度(%)	省　份	调整间隔(年)	调整幅度(%)	省　份	调整间隔(年)	调整幅度(%)
山　西	1.79	22.82	山　东	1.67	19.87	云　南	1.83	21.58
内蒙古	1.93	23.42	河　南	2.19	26.52	西　藏	2.61	35.86
辽　宁	2.31	25.43	湖　北	2.29	26.14	陕　西	1.80	20.66
吉　林	1.54	18.25	湖　南	1.06	12.01	甘　肃	2.37	32.72
黑龙江	2.48	29.23	广　东	1.83	17.62	青　海	2.51	28.61
上　海	0.99	10.85	广　西	1.78	19.18	宁　夏	1.82	22.97
江　苏	1.21	15.15	海　南	1.97	17.68	新　疆	1.67	17.99
浙　江	1.44	15.47						

注：数据统计截至 2013 年 12 月 31 日。

资料来源：中国最低工资数据库，http://www.chinaminimumwage.org。

　　图 8-1 给出了 1995 年至 2013 年我国最低工资标准的变动趋势。[1] 可以发现，自 1995 年以来，我国名义最低工资与实际最低工资均呈现不断上升的趋势。图 8-2 给出了我国与 OECD 成员国最低工资占比（最低工资与在岗职工平均工资的比值）的变动趋势。可以发现，自 2000 年以来，OECD 成员国的最低工资占比呈现出缓慢上升的趋势，而我国的最低工资占比则呈现大幅下降的趋势。到 2012 年，OECD 成员国的这一比例达到了 35% 以上，而我国的这一比例仅为 25% 左右。

---

　　[1]　由于重庆 1997 年才成为直辖市，西藏自治区自 2004 年才公布了第一个最低工资标准。因此本章在图 8-1 和图 8-2 中去掉了重庆市和西藏自治区的观测。

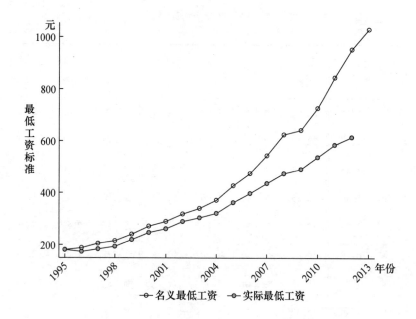

图 8 - 1   我国最低工资标准的变动情况

资料来源：中国最低工资数据库，http：//www. chinaminimumwage. org。

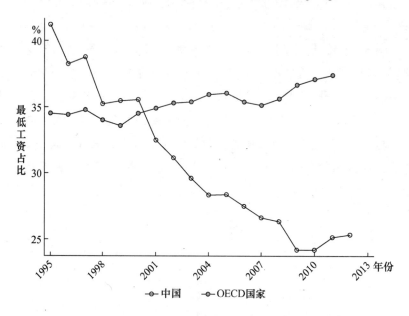

图 8 - 2   我国与 OECD 成员国最低工资占比的变动情况

资料来源：中国数据来自中国最低工资数据库，http：//www. chinaminimumwage. org；
OECD 成员国数据来自 OECD 统计数据库，http：//stats. oecd. org。

第二节　自然实验与"双重差分"方法

由于自然实验方法能够有效解决政策评价过程中的内部和外部有效性问题，因此，近年来在公共政策评价中得到了广泛应用（Angrist and Pischke, 2009; Imbens and Wooldridge, 2009）。本章将最低工资提升视为一项自然实验，并将样本分为两组——实验组和对照组。实验组由提升最低工资标准省份的个体组成，而对照组则由未提升最低工资标准省份的个体组成。任意一个个体 i 均具备一个组属性 $g_i \in \{0, 1\}$（其中1代表实验组，0代表对照组）和时间属性 $t_i \in \{0, 1\}$（其中1代表最低工资提升后，0代表最低工资提升前）。对于来自总体的一个随机抽样 $i = 1, \cdots, N$，个体 i 的组属性 g_i 和时间属性 t_i 可以被认为是随机变量。记观测到的结果变量为 y_i（在本章中为就业状态），因此观测到的数据为 (y_i, g_i, t_i)。使用 Rubin（1974; 1978）提出的潜在结果框架（Potential Outcome Framework），记 y_i^0 为个体未受到处理效应（即最低工资提升）影响情形下的潜在结果，记 y_i^1 为个体受到处理效应影响情形下的潜在结果，记 d_i 为个体是否受到处理效应影响的虚拟变量，则实际观测到的个体 i 的结果变量 y_i 可以表示为：

$$y_i = y_i^0 (1 - d_i) + y_i^1 d_i = y_i^0 + (y_i^1 - y_i^0) d_i \tag{8.1}$$

其中，$d_i = g_i t_i$。

假设个体 i 在未受到处理效应影响情形下的结果变量 y_i^0 满足以下线性方程：

$$y_i^0 = \alpha + \beta t_i + \gamma g_i + \varepsilon_i \tag{8.2}$$

其中，系数 β 代表不随组属性 g_i 变化的时间效应，系数 γ 代表不随时间属性 t_i 变化的组效应，ε_i 为影响 y_i^0 但未观测到的个体特征或其他因素，且满足 $\varepsilon_i \perp (g_i, t_i)$，$E[\varepsilon_i] = 0$。处理效应的"双重差分"估计可以表示为：

$$\tau_{DID} = \{ E[y_i \mid g_i = 1, t_i = 1] - E[y_i \mid g_i = 1, t_i = 0] \} -$$

$$\{E[y_i \mid g_i = 0, \ t_i = 1] - E[y_i \mid g_i = 0, \ t_i = 0]\} \tag{8.3}$$

式(8.3)表明，为了去除与处理效应无关的时间趋势，需要在实验组($g_i = 1$)的总体平均差异中去除对照组($g_i = 0$)的总体平均差异。

假设处理效应在不同个体间是相同的，即$y_i^1 - y_i^0 = \tau$。与式(8.2)相结合可以得出一个可估计的模型：

$$y_i = \alpha + \beta t_i + \gamma g_i + \tau d_i + \varepsilon_i \tag{8.4}$$

为了控制其他可能影响结果变量的因素，需要在式（8.4）中加入解释变量向量形成回归调整的"双重差分"模型（Angrist and Pischke，2009）：

$$y_i = \alpha + \beta t_i + \gamma g_i + \tau d_i + \delta x_i + \varepsilon_i \tag{8.5}$$

考虑到就业状态y_i为二元被解释变量，因此本章将就业方程设定为：

$$\Pr(y_i = 1) = \Phi(\alpha + \beta t_i + \gamma g_i + \tau d_i + \delta x_i) \tag{8.6}$$

在式(8.6)中，个体就业状态随时间的变化会在t_i的系数β上得到反映，实验组和对照组个体就业状态的任何差异会在g_i的系数γ上得到反映，最低工资提升对就业的影响将会反映在d_i的系数τ上。①

为了控制个体特征对就业的影响，x_i应该尽可能多地包含代表个体特征的变量。根据生命周期理论，个体在生命不同阶段的市场生产率和家庭生产率是不同的，因此其就业倾向会随着年龄而变化。根据人力资本理论，受教育年限和身体健康状况反映了个体的人力资本积累情况以及人力资本积累发挥作用的效率情况，具有较高受教育程度和较好身体状况的个体通常也具有较高的劳动生产率，这会对其就业偏好产生影响。根据家庭联合劳动供给理论，已婚个体的就业选择行为通常不同于未婚个体，家庭人口数量通常也会影响个体的就业选择。综上所述，本章将年龄、年龄平方、受教育年限、身体健康状况（离散变量，取值为1—5，分别代表非常差至非常好）、婚姻状况

---

① 当然，根据 Probit 模型的性质，这里的各个系数代表的不是各变量对就业的边际影响。各变量对就业的边际影响可在样本均值处进行计算。

（虚拟变量，1 为已婚，0 为未婚）、家庭人口数作为就业方程和工作时间方程的解释变量。

第三节 最低工资调整对就业 影响的统计描述

　　本章使用的数据来自中国人民大学社会学系和香港科技大学社会科学部于 2005 年和 2006 年进行的中国综合社会调查（China General Social Survey，CGSS），调查覆盖了除西藏、青海、宁夏以及港澳台以外的中国 28 个省市区，调查内容涉及个体的人口统计学信息和劳动就业信息等。本章使用的关于最低工资标准调整的数据来自各省、自治区和直辖市人民政府公报及各地人力资源和社会保障行政部门的网站，部分未能从上述途径获取的数据是通过政府信息公开申请获得的。由于最低工资标准的提升更容易对受教育程度较低的低技能劳动力就业产生影响，而对受教育程度较高的高技能劳动力就业影响很小，同时年龄较大或较小的劳动力就业状态变动幅度较小，因此本章将样本限制为受教育程度为初中及以下且年龄处于 20—50 岁的劳动年龄人口。

　　2005 年中国综合社会调查在当年的 9—11 月进行，2006 年中国综合社会调查在当年的 9—12 月进行。因此，本章将在此期间最低工资提升作为自然实验，选择在 2005 年调查开始日期和 2006 年调查结束日期之间没有上调最低工资标准的省份作为对照组，选择在 2005 年调查结束日期和 2006 年调查开始日期之间至少有一次最低工资标准上调的省份作为实验组，最终确定河南、湖北、江西、内蒙古和山西五个省市区作为对照组，其他 23 个省（市、区）作为实验组，如表 8 - 2 所示。

表 8 – 2 　　　　　　　　　　实验组和对照组省份的选择

省　份	最低工资调整日期		2005 年调查		2006 年调查		对照组	实验组
	2005 年	2006 年	开始	结束	开始	结束		
安　徽	—	10 – 01	10 – 10	12 – 23	10 – 09	11 – 25		是
北　京	07 – 01	07 – 01	09 – 01	09 – 30	09 – 10	11 – 11		是
重　庆	—	09 – 01	10 – 21	10 – 24	09 – 10	09 – 18		是
福　建	07 – 01	08 – 01	10 – 10	11 – 20	10 – 02	11 – 29		是
广　东	—	09 – 01	10 – 03	12 – 18	09 – 10	10 – 27		是
甘　肃	—	08 – 25	10 – 11	11 – 23	10 – 10	11 – 20		是
广　西	—	09 – 11	09 – 19	10 – 30	10 – 10	11 – 26		是
贵　州	—	10 – 01	10 – 11	11 – 23	10 – 14	11 – 07		是
河　南	10 – 01	—	10 – 10	12 – 27	10 – 10	11 – 02	是	
湖　北	03 – 01	—	09 – 13	12 – 28	10 – 16	11 – 08	是	
河　北		10 – 01	10 – 11	10 – 29	10 – 05	10 – 29		是
海　南		07 – 01	10 – 22	10 – 29	10 – 11	10 – 25		是
黑龙江	—	05 – 01	09 – 16	11 – 12	09 – 11	09 – 30		是
湖　南	07 – 01	07 – 01	10 – 10	10 – 28	09 – 11	10 – 18		是
吉　林	—	05 – 01	09 – 19	09 – 26	09 – 10	09 – 19		是
江　苏	11 – 01	10 – 01	09 – 14	09 – 30	09 – 05	10 – 16		是
江　西	—	12 – 17	10 – 12	10 – 26	10 – 11	10 – 30	是	
辽　宁	—	08 – 01	09 – 15	11 – 04	09 – 11	10 – 15		是
内蒙古	—	10 – 01	09 – 19	11 – 06	09 – 13	09 – 29	是	
四　川	—	09 – 11	09 – 12	12 – 25	09 – 24	11 – 06		是
山　东	01 – 01	10 – 01	10 – 10	11 – 16	10 – 09	11 – 04		是
上　海	07 – 01	09 – 01	09 – 14	10 – 21	09 – 11	11 – 12		是
陕　西	07 – 01	07 – 01	09 – 15	09 – 29	09 – 12	09 – 23		是
山　西	—	10 – 01	09 – 15	09 – 27	09 – 11	09 – 24	是	
天　津	07 – 01	04 – 01	09 – 10	10 – 19	09 – 11	10 – 30		是
新　疆	—	05 – 01	10 – 09	10 – 26	09 – 11	09 – 21		是
云　南	—	07 – 01	09 – 10	12 – 02	09 – 16	11 – 14		是
浙　江	12 – 01	09 – 01	09 – 15	09 – 29	09 – 10	11 – 05		是

注：表中"最低工资调整日期"两栏中"—"表示该年度该省份未上调最低工资标准。

资料来源：中国最低工资数据库，http：//www.chinaminimumwage.org。

表 8-2 给出了实验组的 23 个省市区在 2005 年和 2006 年两次中国综合社会调查之间的月最低工资标准调整情况，可以发现，上海、天津和北京三个直辖市的最低工资标准在调整前后都位于全国的前列，但此次调整的幅度并不是太大。除河北、上海、广西和陕西四省、市、区以外，其他各省市区的最低工资平均调整幅度均在 10% 以上，一些省市如吉林、黑龙江、重庆和贵州等的平均调整幅度达近 40% 或更高。同时，不同省份之间的最低工资标准也有较大的差别。以调整后的最低工资标准为例，最低工资标准最高的上海与最低工资标准最低的甘肃相差近一倍。这种最低工资标准的差别反映了中国各地经济社会发展水平的巨大差异。

表 8-3　　　　　　　　实验组省份月最低工资调整情况　　　　　　单位：元

省　份	调整前	调整后	省　份	调整前	调整后	省　份	调整前	调整后
北　京	580	640	浙　江	533	645	重　庆	365	500
天　津	580	660	安　徽	347	443	四　川	368	485
河　北	470	510	福　建	450	542	贵　州	360	500
辽　宁	400	497	山　东	430	490	云　南	408	480
吉　林	330	460	湖　南	412	475	陕　西	445	480
黑龙江	306	476	广　东	477	604	甘　肃	320	378
上　海	690	750	广　西	385	418	新　疆	370	433
江　苏	480	530	海　南	417	497	—	—	—

资料来源：中国最低工资数据库，http://www.chinaminimumwage.org。

由于个体就业不仅取决于工资水平，而且取决于个体特征（尤其是人力资本水平），因此有必要对可能影响就业的个体特征进行考察。另外，由于最低工资可能对不同年龄段劳动力就业的作用效果存在差异[①]，因此本章按年龄将个体分为青年（20—35 岁）和中年（36—50 岁）两个年龄段。表 8-3 给出了对照组和实验组青年和中年个体特征的主要统计指标。由表 8-3 可以发现，无论是实验组还是对照组，

[①]　国外经验研究结果表明，最低工资主要会对青年就业产生影响。

各年龄段的男性就业率均明显高于女性，这主要是由男性和女性家庭传统分工模式所决定的；同时，男性的受教育年限也稍高于女性，男性的身体健康状况普遍好于女性，而教育和健康作为人力资本的重要组成，通常有助于个体就业概率的上升；处于已婚状态的女性比例稍高于男性，同时女性的平均家庭人口数较男性也稍高，这些因素可能会降低女性劳动就业倾向。

表 8 - 4　　对照组和实验组青年与中年个体特征的主要统计指标

年龄段	统计指标	对照组				实验组			
		女　性		男　性		女　性		男　性	
		2005 年	2006 年	2005 年	2006 年	2005 年	2006 年	2005 年	2006 年
20—35 岁	观测数(个)	59	50	30	30	323	321	200	204
	就业率(%)	49.20	50.00	83.30	86.70	59.10	54.50	80.50	86.30
	年龄(岁)	30.66	29.54	30.07	30.10	29.79	29.27	29.09	28.78
	教育(年)	8.02	7.88	8.20	8.00	8.05	8.07	8.07	8.20
	已婚(%)	91.50	86.00	86.70	73.30	84.50	85.00	71.00	71.60
	健康	4.17	4.15	4.57	4.00	4.22	4.15	4.35	4.15
	人口数(个)	5.356	4.38	4.967	4.033	5.124	4.682	4.91	4.461
36—50 岁	观测数(个)	91	129	69	77	475	522	375	398
	就业率(%)	36.30	52.70	88.40	77.90	48.60	43.70	70.10	75.40
	年龄(岁)	42.40	43.50	41.54	42.20	42.77	42.84	43.38	42.73
	教育(年)	7.03	7.50	7.41	7.92	7.09	7.87	8.01	8.10
	已婚(%)	93.40	95.30	94.20	93.50	93.10	92.50	90.70	87.20
	健康	3.64	3.77	4.03	4.09	3.90	3.63	4.01	3.96
	人口数(个)	5.571	3.922	5.29	3.506	5.493	4.408	5.277	4.475

注：就业率和已婚均为百分比；健康为离散变量（取值1—5，分别代表非常差至非常好），下同。

资料来源：作者根据中国综合社会调查（CGSS）2005 年及 2006 年数据计算。

从表 8 - 4 可以看出，从 2005 年到 2006 年，对照组青年和中年女性的就业率有所上升，但中年女性就业率上升的幅度明显高于青年女性；同时，中年女性的年龄、受教育年限、已婚率和身体健康状况均呈上升趋势，而青年女性的年龄、受教育年限、已婚率和身体健康状况均呈下降趋势。对照组青年男性的就业率呈上升趋势，而中年男性的就业率呈下降趋势；同时，青年男性受教育年限和身体健康状况呈下降趋势，而中年男性受教育年限和身体健康状况呈上升趋势。从2005 年到2006 年，实验组青年和中年女性的就业率均有所下降；同时，青年女性的年龄呈下降趋势，而中年女性年龄呈上升趋势。实验组青年和中年男性的就业率均呈上升趋势；同时青年和中年男性个体特征变动趋势也基本一致。由于青年人和中年人在2005—2006 年就业率变动和个体特征变动存在差异，说明对其分别进行分析是必要的。

除了工资水平和个体特征会对个体就业产生影响外，经济环境和个体间的相互作用也会对个体就业产生一定影响，而应用"双重差分"方法则可以有效地解决模型的内部和外部有效性问题。表 8－5 给出了最低工资提升对就业影响的"双重差分"统计结果，可以发现，对照组青年和中年女性在最低工资调整后的就业率均有所上升，但中年女性就业率的上升幅度较大；同时实验组青年和中年女性在最低工资调整后的就业率均有所下降。这意味着最低工资提升可能会对女性特别是中年女性就业产生消极影响。对照组和实验组青年男性的就业率在最低工资标准调整后均有所上升，但实验组上升的幅度更大；对照组中年男性的就业率在最低工资标准调整后有所下降，但实验组的就业率却有所上升。这意味着最低工资标准提升非但对男性就业没有负面影响，反而能促进男性就业。由以上的分析还可以看出中年人就业率变动的幅度要远大于青年人，这说明中年人就业对工资变动反应较敏感。

表8－5　　　　　　　实验组和对照组就业率变动情况　　　　单位：%

组　别	女　性				男　性			
	2005 年	2006 年	差	双重差分	2005 年	2006 年	差	双重差分
对照组（20—35 岁）	49.20	50.00	0.80	—	83.30	86.70	3.40	—
实验组（20—35 岁）	59.10	54.50	-4.60	-5.40	80.50	86.30	5.80	2.40

续表

组　别	女　性				男　性			
	2005 年	2006 年	差	双重差分	2005 年	2006 年	差	双重差分
对照组（36—50 岁）	36. 30	52. 70	16. 40	—	88. 40	77. 90	-10. 50	—
实验组（36—50 岁）	48. 60	43. 70	-4. 90	-21. 30	70. 10	75. 40	5. 30	15. 80

注："差"列为 2006 年与 2005 年之差，"双重差分"列为实验组和对照组的"差"列
数据之差。

资料来源：作者根据中国综合社会调查（CGSS）2005 年及 2006 年数据计算。

最低工资调整对就业的影响可能存在时滞。关于这一问题，国外
学者进行了大量研究。主要的观点有：（1）最低工资劳动力市场具有
较低的雇佣和解雇成本。因此最低工资劳动力的流转率较高，这导致
最低工资的长期效应和短期效应是类似的（Brown et al. , 1982）。
（2）最低工资劳动力的工作时间通常比较灵活。因此，厂商可以通过
延长工作时间应对最低工资的调整。因此如果最低工资存在负面的就
业效应，则通常很快就会在劳动力市场中得到体现（Card and Krue-
ger, 1995）。（3）关于最低工资调整的法律法规通常在正式实施前的
较长一段时间就已经对全社会公布了，因此劳动力市场有足够多的时
间对其做出反应。

当然，也有一些学者认为应该给予最低工资的滞后效应足够的重
视（Neumark and Wascher, 2008）。就本章来看，作者在实验组样本
中去除了最低工资调整日期离 2006 年中国综合社会调查日期比较接
近的安徽、重庆、广东、河北、山东和浙江等省市，并重新计算了结
果，如表 8 - 6 所示。

表 8 - 6　实验组和对照组就业率变动情况（去除实验组部分省份）　单位:%

组　别	女　性				男　性			
	2005 年	2006 年	差	双重查分	2005 年	2006 年	差	双重查分
对照组	44. 83	51. 85	7. 02	—	84. 62	85. 04	0. 42	—
实验组	58. 18	52. 29	-5. 89	-12. 91	77. 52	77. 92	0. 40	-0. 02

资料来源：作者根据中国综合社会调查（CGSS）2005 年及 2006 年数据计算。

　　对照表 8－5 和表 8－6 可以看出，对于女性而言，整体来看这两组结果没有明显的差别；对于男性而言，这两组结果有一定的差别。但是从就业的结果来看，去除实验组部分省份以后，最低工资对男性就业的正面影响减小。因此，笔者认为中国劳动力市场不需要较长时间才能对最低工资的调整做出反应，本章关于实验组和对照组的划分基本是合适的。

　　从以上的分析可以发现，实验组和对照组个体特征存在差异。对于对照组来说，中年女性就业率的大幅上升可能还源自 2005—2006 年中年女性受教育年限的提升和身体健康状况的改善，而中年男性就业率的大幅下降可能还源自两年间中年男性年龄的上升和身体健康状况的下滑；对于实验组来说，青年和中年女性就业率的下降可能还源于两年间女性年龄的上升和身体健康状况的下滑，而男性就业率的上升可能还源于两年间男性受教育年限的提升和年龄的下降。当然，究竟是哪些因素起主要作用需要根据就业方程的回归结果来确定。

第四节　最低工资的就业效应评估及讨论

　　本章应用就业方程控制个体特征的异质性，应用"双重差分"方法控制经济环境和个体间的相互作用，分析最低工资提升的就业效应。表 8－7 给出了控制个体特征异质性情境下的最低工资标准提升就业效应的"双重差分"估计结果。由表 8－7 可以看出，中年男性和女性的就业概率随着年龄的增加明显减小，而年龄增加对青年男性和女性的就业概率没有明显的影响，这符合劳动供给生命周期理论预期；身体健康状况对中年男性和中年女性的就业均有较显著的积极影响，这符合人力资本理论预期；受教育年限对各年龄段的男性和女性没有明显的影响；婚姻降低了青年女性的就业概率，但却增加了青年和中年男性的就业概率，这符合家庭联合劳动供给理论预期；中年女性交叉项系数显著为负，说明最低工资标准提升对中年女性就业存在消极影响；青年女性和各年龄段男性交叉项系数不显著，说明最低工资标准提升对青年女性和各年龄段男性就业没有显著影响。

表 8 - 7　　　　　　最低工资就业效应的"双重差分"估计结果

解释变量	女　性		男　性	
	20—35 岁	36—50 岁	20—35 岁	36—50 岁
实验组	0.23	0.33 **	0.02	- 0.61 ***
实验年份	0.23	0.50 **	- 0.10	- 0.30
交叉项	- 0.32	- 0.57 **	0.30	0.49
年　龄	0.01	- 0.05 ***	- 0.03	- 0.05 ***
受教育年限	0.04	0.03	0.06	- 0.01
已　婚	- 0.61 ***	- 0.26	0.66 ***	0.60 ***
身体健康状况	- 0.00	0.09 **	0.14	0.25 ***
家庭人口数	0.04	0.04	- 0.01	0.03
常数项	- 0.33	1.24 **	0.09	1.52 **
准 R^2	0.02	0.04	0.06	0.10
ln$L$	-360.70	-532.80	-137.80	-319.90
观测数	539	804	308	616

注："实验组"和"实验年份"均为虚拟变量;"交叉项"为"实验组"和"实验年份"的交叉项; *、** 和 *** 分别表示系数在10%、5%和1%的显著性水平下显著。

资料来源: 作者根据中国综合社会调查 (CGSS) 2005 年及 2006 年数据计算。

　　由于中国幅员辽阔,不同地区地理环境、经济发展水平、人力资本存量和劳动力市场发育程度均存在较大差异。本章选择的对照组5个省份均在中部地区,而实验组却遍布东、中、西部地区。为了更加准确地度量最低工资标准提升的就业效应,本章进一步将实验组限制在中部地区的省份。表 8 - 8 给出了中部地区最低工资提升就业效应的"双重差分"估计结果,可以发现对于中部地区城镇居民来说,个体年龄与中年男性和女性就业概率负相关,身体健康和婚姻有助于中年男性的就业,这些与全国的变动趋势是一致的。与全国趋势的差异之处在于,教育有助于中年女性的就业,身体健康有助于青年(而非中年)女性的就业,家庭人口也会对中年女性就业起到促进作用。中年女性交叉项系数仍显著为负，且绝对值大于全国水平，说明最低工资标准提升对中部地区中年女性就业的消极影响较大。男性交叉项系数仍不显著，说明最低工资标准提升对男性就业没有显著影响。

表 8 – 8　中部地区最低工资就业效应的"双重差分"估计结果

解释变量	女性		男性	
	20—35 岁	36—50 岁	20—35 岁	36—50 岁
实验组	0.12	0.18	– 0.12	– 0.74 ***
实验年份	0.36	0.67 ***	– 0.02	– 0.17
交叉项	– 0.64	– 0.60 *	0.07	0.65
年　龄	0.02	– 0.06 ***	– 0.05	– 0.07 ***
受教育年限	0.06	0.09 ***	0.07	– 0.02
已　婚	– 0.33	– 0.32	0.14	0.56 *
身体健康状况	0.16 *	0.03	0.28	0.29 ***
家庭人口数	0.06	0.13 * *	0.03	0.15
常数项	– 1.92 *	0.88	0.28	1.82
准 R^2	0.03	0.07	0.04	0.19
$\ln L$	– 134.60	– 186.30	– 46.50	– 111.70
观测数	201	295	100	238

注："实验组"和"实验年份"均为虚拟变量；"交叉项"为"实验组"和"实验年份"的交叉项；*、** 和 *** 分别表示系数在 10%、5% 和 1% 的显著性水平下显著。

资料来源：作者根据中国综合社会调查（CGSS）2005 年及 2006 年数据计算。

　　由于各省最低工资标准提升幅度存在明显差异，本章拟进一步考察在最低工资调整幅度较大的省份中，最低工资标准提升的就业效应会有什么变化。表 8 – 9 给出了将实验组的样本限制为最低工资平均调整幅度为 20% 及以上的省份后，最低工资标准提升就业效应的"双重差分"估计结果。对比表 8 – 7 和表 8 – 9 可以发现，大多数解释变量回归系数的显著性是一致的。其中，中年女性交叉项系数为 – 0.69，说明在最低工资标准提升幅度较大的省份，中年女性就业受到较大的负面影响。

　　根据上述回归结果可知，最低工资提升会对低技能中年女性就业产生显著的消极影响。单就低技能中年女性而言，2005—2006 年，实验组最低工资标准平均提升幅度为 19.86%，实验组中年女性就业率下降 21.3%，说明低技能中年女性就业对最低工资标准变动的比较敏感。然而，从总体来看，低技能中年女性仅占 20—50 岁人口的 14.59%，则最低工资标准提升导致总体就业率下降 3% 左右，即就业的最低工资弹性约为 -0.16，说明总体上最低工资的负面就业效应较小。

　　最低工资提升为何仅对中年女性就业产生显著的负面影响？表 8-10 给出了实验组中工资水平低于新最低工资标准的就业人员比例，可以发现在 2005 年和 2006 年，女性工资低于新最低工资标准的比例高于男性，而中年人工资低于新最低工资标准的比例高于青年人，说明中年女性最易受到最低工资标准提升的影响。当最低工资标准提升后，最低工资对于低技能青年人覆盖率超过 90%，而对低技能中年人覆盖率超过 80%，一方面说明最低工资标准截断效应和溢出效应在发挥作用，使低技能工人工资水平得以明显提升；另一方面暗示着低技能中年人（尤其是女性）在就业和工资获得方面存在劣势，最低工资标准提升可能导致一部分低技能中年女性面临失业和低工资的抉择，进而导致中年女性就业率的明显降低。

表 8-9　　　　　　　　最低工资就业效应的"双重差分"估计结果（调整幅度 20% 以上）

解释变量	女性		男性	
	20—35 岁	36—50 岁	20—35 岁	36—50 岁
实验组	0.18	0.22	-0.13	-0.52 **
实验年份	0.26	0.58 **	-0.02	-0.16
交叉项	-0.47	-0.69 **	0.14	0.43
年　龄	0.01	-0.05 ***	-0.04	-0.06 ***
受教育年限	0.06	0.03	0.09	-0.06
已　婚	-0.67 ***	-0.12	0.45	0.60 **
身体健康状况	0.01	0.08	0.07	0.27 ***

续表

解释变量	女性		男性	
	20—35 岁	36—50 岁	20—35 岁	36—50 岁
家庭人口数	0.08	0.10 **	0.05	0.10
常数项	-0.59	0.67	0.42	2.07 **
准 R^2	0.03	0.05	0.04	0.14
lnL	-210.40	-280.40	-77.80	-153.40
观测数	314	431	159	331

注："实验组"和"实验年份"均为虚拟变量；"交叉项"为"实验组"和"实验年份"的交叉项；*、** 和 *** 分别表示系数在10%、5%和1%的显著性水平下显著。

资料来源：作者根据中国综合社会调查（CGSS）2005年及2006年数据计算。

表8-10　　　实验组工资水平低于新最低工资的就业人员比例　　单位:%

年龄段	女性		男性	
	2005 年	2006 年	2005 年	2006 年
20—35 岁	49.54	9.66	29.50	4.41
36—50 岁	53.47	19.35	34.40	12.06

资料来源：作者根据中国综合社会调查（CGSS）2005年及2006年数据计算。

第五节　结论

本章将最低工资标准提升作为自然实验，将中国综合社会调查2005年和2006年的微观数据作为实验结果，应用就业方程和"双重差分"方法分析了最低工资标准提升对低技能劳动力就业的影响。研究结果表明，提升最低工资标准没有对低技能男性和青年女性的就业产生显著的积极或消极影响，意味着提高最低工资标准将有助于低技能男性和青年女性工资水平的提高。但最低工资标准提升会对低技能中年女性的就业产生显著的消极影响，且最低工资标准提升幅度越大，其对中年女性就业的消极影响就越大，意味着最低工资标准提升将导致部分中年女性工资水平提高，同时导致部分中年女性失业。

本章的发现与国外关于最低工资就业效应的大量研究结论不同。国外研究表明，如果最低工资标准提升对就业有任何影响的话，那么受影响的将是低技能青年群体（Neumark and Wascher，2008）。然而，本章研究表明，最低工资标准提升对低技能中年女性就业存在显著的负面影响，可能主要源于她们在青少年时期因"文化大革命"而没有受到良好的教育，在城市经济体制改革中下岗失业，在城镇劳动力市场中的议价能力较低，仅仅依靠市场解决其就业存在相当的困难。因此，针对低技能中年女性，政府一方面应通过职业培训提升其就业能力，另一方面应通过设置公共就业岗位帮助其就业，在保证其就业的基础上，通过提高最低工资标准保证其分享经济增长的成果。

最后，由于教育和健康有助于低技能劳动力的就业，因此政府应加大教育、培训和医疗卫生方面的投入，提升低技能劳动力的就业能力，将会有效地缓解城镇就业的压力。同时，由于还有相当一部分低技能中年劳动力没有被最低工资覆盖，说明最低工资标准在某些部门（主要是非正规就业部门）没有得到贯彻，政府一方面要对劳动力市场进行规制，要求用工单位贯彻执行最低工资标准，保证低技能劳动力的合法权利；另一方面要给予能够大量吸纳低技能劳动力就业的行业（如服务业等）财政支持，通过降低企业用工成本帮助低技能劳动力就业，将不仅有助于提高城镇劳动力市场的就业水平，而且有助于提高低技能劳动力工资水平和抑制居民收入差距的持续扩大。

参考文献

Angrist，J. D. & J. Pischke（2009），*Mostly Harmless Econometrics：An Empiricist's Companion*，Princeton，New Jersey：Princeton University Press.

Brown，C.，C. Gilroy & A. Kohen（1982），The Effect of the Minimum Wage on Employment and Unemployment，*Journal of Economic Literature*，20（2），487 –528.

Burkhauser，R. V.，K. A. Couch & D. C. Wittenburg（2000），A Reassessment of the New Economics of the Minimum Wage Literature with Monthly Data from the Current Population Survey, *Journal of Labor Economics*, 18 (4), 653 – 680.

Cahuc, P. & A. Zylberberg (2004), *Labor Economics*, Cambridge, Mass. : MIT Press.

Card, D. & A. B. Krueger (1994), Minimum Wages and Employment: A Case Study of the Fast – Food Industry in New Jersey and Pennsylvania, *American Economic Review*, 84 (4), 772 – 793.

Card, D. & A. B. Krueger (1995), *Myth and Measurement: The New Economics of the Minimum Wage*, Princeton, N. J. : Princeton University Press.

Dickens, R. , S. Machin & A. Manning (1999), The Effects of Minimum Wages on Employment: Theory and Evidence from Britain, *Journal of Labor Economics*, 17 (1), 1 – 22.

Imbens, G. W. & J. M. Wooldridge (2009), Recent Developments in the Econometrics of Program Evaluation, *Journal of Economic Literature*, 47 (1), 5 – 86.

Machin, S. , A. Manning & L. Rahman (2003), Where the Minimum Wage Bites Hard: Introduction of Minimum Wages to a Low Wage Sector, *Journal of the European Economic Association*, 1 (1), 154 – 180.

Neumark, D. & W. Wascher (1992), Employment Effects of Minimum and Subminimum Wages: Panel Data on State Minimum Wage Laws, *Industrial and Labor Relations Review*, 46 (1), 55 – 81.

Neumark, D. & W. Wascher (2008), *Minimum Wages*, Cambridge: The MIT Press.

Rubin, D. B. (1974), Estimating Causal Effects of Treatments in Randomized and Nonrandomized Studies, *Journal of Educational Psychology*, 66 (5), 688 – 701.

Rubin, D. B. (1978), Bayesian Inference for Causal Effects: The Role of

Randomization, *The Annals of Statistics*, 6 (1), 34 – 58.

J. Wang & M. Gunderson (2011), Minimum Wage Impacts in China: Estimates from a Prespecified Research Design, 2000 – 2007, *Contemporary Economic Policy*, 29 (3), 392 – 406.

丁守海:《提高最低工资标准对农民工离职率的影响分析——基于北京市 827 名农民工的调查》,《中国农村观察》2009 年第 4 期。

丁守海:《最低工资管制的就业效应分析——兼论〈劳动合同法〉的交互影响》,《中国社会科学》2010 年第 1 期。

罗小兰:《我国劳动力市场买方垄断条件下最低工资就业效应分析》,《财贸研究》2007 年第 4 期。

罗小兰:《我国最低工资标准农民工就业效应分析——对全国、地区及行业的实证研究》,《财经研究》2007 年第 11 期。

罗小兰:《向右下倾斜的非农劳动供给曲线——来自中国健康和营养调查的证据》,《中国农村经济》2007 年第 10 期。

张世伟、万相昱、曲洋:《公共政策的行为微观模拟模型及其应用》,《数量经济技术经济研究》2009 年第 8 期。

第九章　农民工转移趋势分析

经济发展越过刘易斯转折点后，劳动力市场上就业与工资的决定机制由刘易斯模型所描述的古典机制转向新古典机制。也就是说，在二元经济时代，劳动力需求决定了就业岗位的增长，而在经济发展越过刘易斯转折点后，影响劳动力转移的因素将更加复杂。

在前面的章节中，我们已经对当前农村劳动力流动和转移的基本态势作了数量分析。在当前的制度环境下，年轻劳动力的转移已经比较充分，劳动力进一步转移的目标群体，则应该是年龄相对较大、文化程度更低的劳动者。而促进他们实现进一步转移的根本举措在于深化户籍制度改革，进一步消除劳动力流动的制度障碍。

除了制度性因素以外，未来的农村劳动力转移趋势，主要还受到以下几个方面基本因素的影响。首先，经济增长的速度和结构，决定了劳动力需求。其次，由人口因素所主导的劳动力供给。最后，劳动力市场制度对劳动力市场竞争性和灵活性会产生影响，并影响劳动力转移的速度和水平。

第一节　潜在经济增长率的下降

中国经济已经持续了三十多年的高速增长，在越过刘易斯转折点后，以往的一些经济增长源泉将逐渐枯竭，依靠要素投入的经济增长模式也越来越难以为继。例如，在二元经济时代，由于劳动力由低生产效率的部门（如农业）向高生产效率的部门（如第二产业和第三产业）转移，劳动边际生产率的提升将成为经济增长的源泉。根据世界银行以及我们的估计，在改革开放的头20年里，农村劳动力转移就业，对经济增长的贡献在20%—24%（世界银行，1998；蔡昉、王德文，1999）。

然而，随着经济发展越过刘易斯转折点，如前所述，农业部门的劳动边际生产率和非农部门的劳动边际生产率的差异逐渐缩小。这也就意味着劳动力的进一步转移对经济增长的贡献会逐步衰减，并有可能导致经济增长速度的下降。图9-1所展示的是对过去十年农村劳动力转移对经济增长的贡献率：自2002年达到峰值31.4%后，已在总体上处于下降趋势，2009年和2010年则分别仅为1.2%和1.9%。

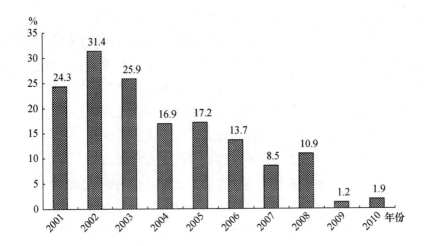

图9-1 农村转移劳动力对经济增长的贡献

由于传统的经济增长源泉逐渐消失，从中长期看，中国经济的潜在增长率将逐步下降。潜在经济增长率可以理解为一个经济在既定的资源、技术等约束条件下，生产要素得到充分利用时所能达到的增长速度。

根据我们的测算，1978—2010年经济的潜在增长率大约为10%，而2011—2015年将下降到9.1%，2016—2020年进一步下降到7.5%。根据世界银行的计算，中国经济的潜在增长率1978—1994年为9.9%，1994—2009年为9.6%，2011—2015年为8.4%，2016—2020年为7.0%。

第二节　人口年龄结构变化加速

　　随着人口转变过程的进行和劳动力转移进程的推进，农村劳动年龄人口不断减少，农村人口老龄化的趋势也将日益明显，并成为劳动力转移速度放缓的重要因素。2001—2030 年，不论是 16—64 岁农村劳动年龄人口，还是 16—40 岁农村劳动年龄人口，其数量都呈现不断下降的趋势（见图 9 - 2）。

　　但是，在不同阶段，农村劳动年龄人口的下降速度并不相同。对于 16—64 岁的农村劳动年龄人口而言，其下降速度越来越快。2001—2010 年，年均下降 1.36%；2011—2020 年，年均下降 2.93%；2021—2030 年，年均下降 3.59%。对于 16—40 岁的农村劳动年龄人口而言，其年均下降速度在 2001—2010 年和 2011—2020 年，分别达到 3.7% 和 4.14%，远远快于同期 16—64 岁劳动年龄人口的下降速度；2021—2030 年，16—40 岁劳动年龄人口年均下降速度比 2011—2020 年略微缓和，为 3.57%，与同期 16—64 岁劳动年龄人口下降速度基本相当（见表 9 - 1）。

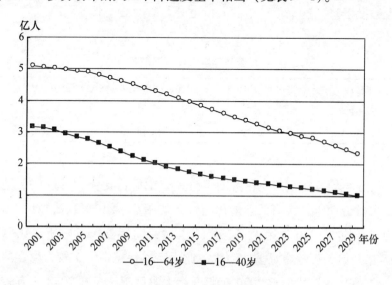

图 9 - 2　农村劳动年龄人口数量的变化

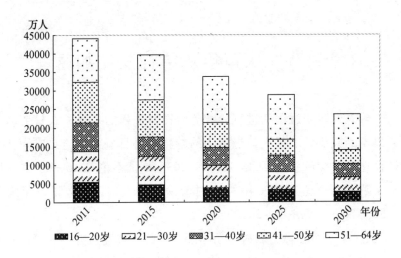

图 9-3 农村劳动年龄人口数量的变化

在农村劳动年龄人口数量不断下降的同时，其老龄化趋势越来越明显。从绝对数量看，在未来 20 年间，16—20 岁、21—30 岁、31—40 岁和 41—50 岁这几个年龄组的人口都在逐步减少；而 51—64 岁组的人口在 2020 年之前在逐步增加，之后随着农村劳动年龄人口总量的大幅度下降，这个年龄组的人口也开始减少（见图 9-3）。

表 9-1	农村劳动年龄人口下降速度		单位：%
年龄段	2001—2010 年	2011—2020 年	2021—2030 年
16—64 岁	-1.36	-2.93	-3.59
16—40 岁	-3.70	-4.14	-3.57

从分年龄组在全部农村劳动年龄人口中所占比例，可以更清楚地看到农村劳动年龄人口的老龄化趋势。从图 9-4 中可以清晰地看到，较为年轻的 16—40 岁组人口在全部农村劳动年龄人口中所占比例从 2015 年开始，有一个显著的下降，此后基本保持在一个较为稳定的水平。41—50 岁组比例自 2020 年起开始大幅度下降，在 2030 年有较小幅度回升。而 51—64 岁组人口在全部农村劳动年龄人口中所占比例

则一直在迅速提高，2025 年达到最高水平，占全部劳动年龄人口的
42%，2030 年略有下降，但也占到 41%。

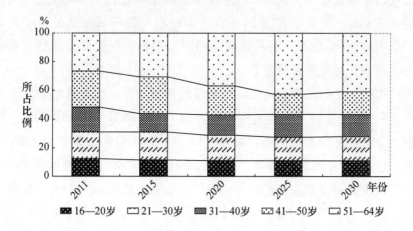

图 9 - 4 农村劳动年龄人口比例的变化

第三节　未来劳动力转移趋势预测

　　如前所述，影响农村劳动力转移进程的中长期因素主要有两类：
从劳动力需求面看，经济增长的速度是决定就业需求增长的基本因
素；劳动力供给面的因素则主要是劳动年龄人口的数量及其变化。

　　当然，还有其他一些影响因素也非常重要：工资水平的提升会使
原本保留工资水平更高的劳动者参与到劳动力市场中来，从而提高劳
动力转移的可能性；同时，工资水平的提高将会激励企业用资本替代
劳动，缩减劳动力需求，从宏观层面上看，就表现为产业结构和经济
结构的变化，以及经济增长的就业弹性的缩小；如果劳动力市场制度
改革减少了劳动力流动的障碍，则劳动力市场的竞争性和灵活性会增
强，并有利于劳动力转移；反之，如果劳动力市场制度趋于僵化，则
会制约转移就业规模的扩大；城乡差距的缩小，尤其是城乡之间社会

福利和公共服务差的缩小，将使转移的动力衰减。

根据表1-3的计算结果，我们已经了解了当前农村劳动力转移就业的基本态势。需要指出的是，表中的计算结果对"转移就业"使用的定义是"在本年度曾经从事过本地非农经济活动或外出经济活动"。该定义虽然对"转移就业"的限制很松，但就研究转移就业的潜力而言，却是最好的定义。

首先，我们需要确定劳动力转移的基准水平。根据我们的定义和表1-3的计算结果，当前的农村劳动力转移数量为18650万人。根据国家统计局公布的结果，2009年举家外迁的劳动力数量为2966万人，比2003年增加22.1%。我们以2003—2009年的平均复合增长率作为依据，得出举家外迁的劳动力年平均增长速度为3.37%。以此计算，2011年举家外迁的劳动力数量为3170万人。住户转移劳动力加上举家外迁劳动力构成我们预测的基准水平，为21820万人。

其次，我们需要确定劳动力转移的目标水平。根据基于微观模型的估算，在劳动力市场条件和农业生产力水平维持当前水平的情况下，尚可转移的劳动力为7689万人。也就是说，未来农村劳动力转移的目标数量为29509万人。

最后，在确定了未来转移就业的目标数量后，农村劳动力转移何时完成，则取决于劳动力转移的速度。根据我们前面的分析，在影响未来农村劳动力转移的因素中，有两类基本因素和改革开放前30年存在明显的不同：潜在经济增长率的下降和劳动年龄人口的减少。

我们以2005—2010年的经济增长和劳动力转移进程为预测基准期。由于缺乏本地非农就业的早期数据，我们假设本地非农和外出就业处于动态平衡中，即在中长期保持相似的增长速度。可以计算得到，2005—2010年农村外出务工人员的年度复合增长率为4%。同时，该期间的平均年度经济增长率为11.24%。

潜在经济增长率，我们分别使用世界银行的预测结果，以及课题组根据生产函数估算的结果。在假设经济增长的就业弹性保持相同水平的情况下，潜在经济增长率的下降，会导致就业需求的进一步下降，并使劳动力转移的速度放缓。也就是说，由于潜在经济增长率的下降，每年农村劳动力转移的速率在 2011—2015 年，较之基准期的平均水平（2005—2010 年）下降 0.2—0.25；在 2016—2020 年下降 33%—38%。具体参数如表 9 - 2 所示。

表 9 - 2　　　　　　　　　　预测的主要参数及结果

指　标	指标分解	数　值
预测基准水平	2011 年转移就业数量（万人）	21820
	2005—2010 年度复合转移速率	4.0%
	2005—2010 年度实际经济增长率	11.24%
潜在经济增长率	世界银行估计 2011—2015 年潜在增长率	9.1%
	转移速率调节系数	0.81
	世界银行估计 2016—2020 年潜在增长率	7.5%
	转移速率调节系数	0.667
	本研究估计 2011—2015 年潜在增长率	8.4%
	转移速率调节系数	0.747
	本研究估计 2016—2020 年潜在增长率	7.0%
	转移速率调节系数	0.623
劳动年龄人口变化	2011—2020 年均下降速度	2.93%
	转移速率调节系数	0.9707
	2021—2030 年均下降速度	3.59%
	转移速率调节系数	0.9641
预测结果	方案一年均转移率	2.82%
	达到目标值时间	2022
	方案二年均转移率	2.60%
	达到目标值时间	2023

　　如前所述，劳动力年龄人口的下降将成为未来 10 年最为明显的特征。由于劳动力年龄人口数量的下降和劳动年龄人口的老龄化，劳动力转移就业的速度将放缓，其参数也列示于表 9 - 2 中。

　　根据不同的潜在经济增长假设以及劳动年龄人口的变化情况，我们对转移速率进行调节。以此为基础，我们预测在劳动力市场制度维持当前状态的情况下，农村劳动力转移大致在 2023 年前后达到目标值水平,如图9-5所示。预测结果显示,在未来10年间,劳动力外出转移的速度较之过去10年将有明显的下降,到2020年农村转移就业的劳动力总量将达到2.8亿人左右。

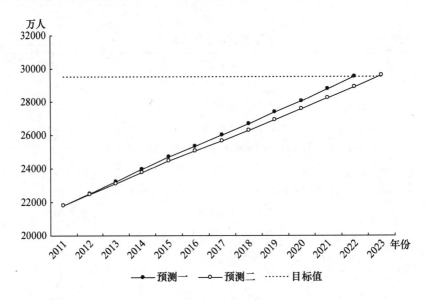

图9-5 未来劳动力转移进程预测

注:图中"预测一"基于世界银行估计的潜在经济增长率;"预测二"基于本研究根据加总生产函数估计的潜在经济增长率。

　　需要再一次指出的是,本研究对未来劳动力转移趋势的预测,是基于户籍制度等一系列制度环境没有根本改变的假定。随着改革的深化,劳动力流动的制度樊篱进一步消除,农村劳动力的保留工资水平也会随之降低。特别是对于目前缺乏转移意愿的农村劳动力,其流动的规模有可能进一步增加。

参考文献

蔡昉、王德文:《中国经济不持续性与劳动贡献》,《经济研究》1999年第10期。

世界银行:《2020年的中国:新世纪的发展挑战》,中国财政经济出版社1998年版。

第十章　劳动力市场转折的效应：
企业的劳动力需求

　　中国的制造业在经历了快速发展后，正面临着来自要素价格不断上涨所带来的挑战。劳动力市场的变化是推动这一变化的重要力量。2003 年开始于沿海经济发达地区的劳动力短缺已经成为遍及全国并日益频繁的现象。与此同时，即便面临外部经济环境的恶化，普通工人的工资仍然以前所未有的速度上涨。农民工工资的快速上扬，使城市劳动力市场上农民工和城市本地工人的工资开始趋同（Cai and Du, 2011）。对于制造业企业而言，工资的变化趋势不可避免地导致劳动力成本的上升。即便以单位劳动力成本（即工人的平均劳动报偿与平均产出之比）度量，制造业企业的劳动力成本在近年来也有明显的上涨，这一趋势已明显不同于很多发达国家的变化轨迹（都阳、曲玥，2012）。

　　劳动力成本的变化对于经济发展的含义是非常丰富而重要的。一个普遍的认识是，劳动力成本的上升将刺激企业以资本替代劳动，诱致企业实现技术变迁，并引致出对更高技能的劳动力的需求。在加总的层面观察，企业的这些变化的集成，就是产业乃至整个经济的升级过程。而经济增长方式的转变和产业结构的升级，正是中国政府多年来经济发展规划和产业政策中所引导和呼吁的。

　　不过，即使政府一直期望经济增长方式由要素积累型向生产率推动型的转变，在很多经济发展的条件不具备，以及要素市场信号形成的情况下，企业的技术变迁并不能自发产生。首先，生产要素市场必须对要素的稀缺性发出正确的信号。① 劳动力市场上，普通工人的工资上涨，正是这种稀缺性的体现。其次，企业在生产经营决策中，必须对要素市场价格信号的变化做出反应。换言之，只有企业微观治理结构是健康的、有效的，价格信号的变化才有可能成为推动企业技术变迁的动力。本章的目的正是希望观察在劳动力市场的主要指标出现明显变化的情况下，中国的制造业企业是如何做出反应的。

此外，当企业对劳动力市场的价格信号做出反应后，企业的决策对不同类型的劳动者可能会有不同的影响。例如，如果对高技能工人和低技能工人的需求，有着不同的产出或价格弹性；那么同样的价格变化，可能会对这两种不同类型的工人产生不同的影响。当不同类型的工人之间具有较强的替代性，那么，对于企业而言，可能在技术更新时更容易用高技能的工人对低技能工人进行替代；对于不同类型的劳动者而言，则会由于这种替代，产生迥然不同的福利结果。发达国家业已出现的技术偏向型技术变迁（Skill Biased Technological Change），就已经揭示了这样的结果（Acemoglu，2002）。

针对发达国家的研究（Bresson et al.，1992）表明，当企业面临需求或劳动力成本的冲击时，对不同技术水平工人的就业调整方式并不一致。要了解技术变化是偏向于受教育程度高的工人还是受教育程度低的工人，我们需要了解不同类型的工人的需求弹性是否存在差异。但针对工人分类需求弹性的估算，大多以行业或地区的加总数据为基础（Ciccone and Peri，2005）。在这种情况下，就很难控制企业特征。而后者正是影响企业技术变迁的重要因素。

本章的结构如下：第一节简单介绍本章的数据；第二节对劳动力市场形势的变化以及企业的反应进行统计描述；第三节介绍模型设定；第四节介绍主要经验结果；第五节是结论。

---

① 这也意味着与其他要素（如资本）有关的政策不能扭曲其价格。然而，在很大程度上，投资引导的增长模式是与资本价格扭曲相关联的。

第一节　数据

我们使用的数据来自对 1644 个制造业企业的调查。该调查由中国人民银行于 2009 年秋组织实施。作者设计了调查表中有关就业的部分。该调查在 8 个省 25 个城市开展，包括 4 个沿海省份（山东、江苏、浙江和广东），东北的一个省（吉林），一个中部省份（湖北）和两个西部省份（陕西和四川）。

该调查的抽样框包括所有与金融机构有信贷关系的企业。毋庸讳言，使用该抽样框有可能对规模很小的企业抽样不足。在我们的样本中，平均每个企业雇用约 499 个生产工人。调查收集了企业在以下四个时间点的信息：2007 年年底、2008 年 6 月底、2008 年年底以及 2009 年 6 月底。在其中的第二个时间点，金融危机行将爆发；第三个时间点则处于金融危机的高峰期；在第四个时间点，中国已经摆脱了金融危机的冲击，中国的劳动力市场和就业形势已经基本恢复到危机以前的水平（Giles et al.，2012）。

本章的主要兴趣是考察制造业企业在经历需求冲击和劳动力成本冲击时生产工人和技能工人的就业变化。但由于调查问卷没有对工人技能进行详细度量信息，因此，我们也难以根据具体的技能指标，区分工人的类型。为此，本章遵循对制造业企业员工一般的分类方法（Hamermesh，1993），即将雇员分为生产工人和管理工人，并根据这一分类讨论两种类型的工人就业是否存在不同的变化模式。调查除了收集每一类型工人的就业状况，还收集了工资及其他收入信息，这使我们得以估计不同类型工人的需求函数。对于生产工人，调查还收集了他们在每个时间点的工作时间，从而使我们可以在就业以外用另外的指标度量企业的劳动投入，并观察在冲击发生时就业与劳动时间的变化是否存在差异。

第二节 变化的劳动力市场与企业反应

众所周知，中国劳动力市场在近年来出现了明显的变化。由于人口转变和经济快速发展的共同作用，中国的劳动力市场已经逐步摆脱了二元经济的特征。随着这一变化，虽然从农业向非农部门的劳动力转移仍然在持续，但其增长率在近年来呈衰减的态势。与此同时，农民工的月收入水平则呈快速增加的趋势。如图 10 - 1 所示，以 2001 年为基期，农民工的就业指数和实际工资指数呈现出不同的形状。随着时间的推移，就业曲线是凹形的，而工资曲线则是凸形的。由于推动这一变化的两类因素都具有相对长期性和稳定性，我们预期未来一段时期，这两条曲线仍然将按既定轨迹演进。

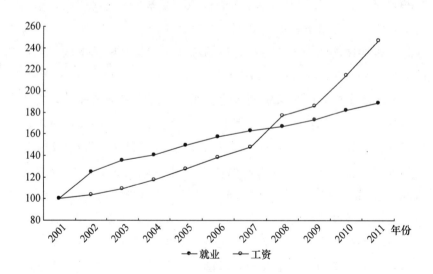

图 10 - 1 农民工就业与实际工资指数：2001—2011 年（2001 年 = 100）
资料来源：都阳、曲玥（2012）。

低技能工人的工资上涨是劳动力稀缺性的反映，这种变化对劳动密集型部门形成了劳动力成本冲击。与发达国家相比，中国制造业部门的单位劳动力成本自 2004 年以来经历了更为快速的上升。2004—2009 年中国制造业的单位劳动力成本上升了约 1/6，而同期美国增长了 4.1%，德国增长了 14.1%，韩国增长了 4.8%，日本则下降了 3.7%（都阳、曲玥，2012）。尽管从绝对水平看，中国制造业部门仍然具有单位劳动力成本方面的优势，但劳动力成本的快速上升无疑会削弱这一优势，并对制造业部门的企业形成成本冲击。

劳动力市场的变化趋势在我们的样本企业中也得到了体现。在我们对样本企业进行调查时，中国的劳动力市场已经从危机中恢复。在整个经济危机过程中，劳动力工资的上涨趋势并未中断。图 10 - 2 展示了样本企业每一个时间点上高技能工人和低技能工人月工资收入的变化情况。2007 年时经济危机尚未爆发，低技能工人和高技能工人的月收入分别为 1358 元和 1842 元，到 2009 年则分别上涨到 1462 元和 2005 元。这一趋势和同一时期一些发达国家实际工资的下降趋势有所不同。

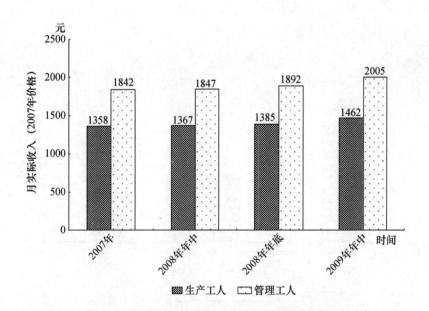

图 10 - 2 样本企业不同类型工人工资的变化

资料来源：根据企业调查数据计算。

　　由于劳动力成本的持续上涨以及负面的需求冲击，一些描述性的
统计显示，企业开始通过调整劳动投入来应对这些变化。本章使用的
企业调查资料询问了每个时间点生产工人和管理人员的就业数量，以
及生产工人的工作时间变化。图 10 - 3 是以 2007 年为基期，生产工
人就业和总工作时间的变化情况。该图显示，相对于就业而言，企业
可以更为灵活、迅速地调整工作时间。2008 年年中，生产工人就业水
平约为 2007 年的 99.3%，平均工作时间为 2007 年的 98.3%。当面
临金融危机冲击后，生产工人的工作时间下降到 2007 年水平的
95.6%，而到 2009 年年中仍然保持在 95.2% 的水平。这意味着，企
业对于劳动投入的调整实际上在金融危机刚刚发生时，就已经完成
了。相比较而言，就业水平则经历了持续下降的过程，2008 年年底下
降到 97.8%，2009 年年中下降到 96.5%。从某种意义上说，劳动投
入时间和就业调整的差异，可以由劳动力市场规制的严格性来解释。
利用相同的资料，我们的研究表明，中国劳动力市场规制的严格性增
强已在一定程度上影响了就业（Park et al.，2012）。

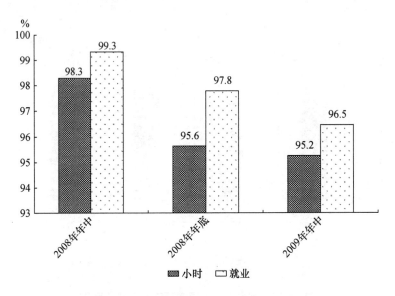

图 10 - 3　工作时间和就业指数（2007 年 = 100）

资料来源：根据企业调查数据计算。

　　实际上，观察不同类型的企业在面临劳动力市场调整和需求冲击时是否存在不同的反应也是非常有意义的。例如，中小企业和大企业在面临上述环境变化时的行为就有所差异。如表 10 - 1 所示，随着时间的推移，原本规模较小的企业其就业水平在增加，而随着规模的上升，就业增加的幅度开始减少，规模最大的一组企业，甚至出现就业的净减少。

表 10 - 1　　　　　　不同初始就业规模企业的就业对数的变化

2007 年的规模分组	高技能	低技能
最小的 1/4 组	0.039（0.197）	0.053（0.230）
1/4—2/4 组	0.035（0.152）	0.031（0.160）
2/4—3/4 组	0.029（0.171）	0.006（0.181）
最大的 1/4 组	-0.003（0.183）	-0.028（0.185）

注：括号中的数据为标准差。

资料来源：根据企业调查数据计算。

第三节　理论与经验模型

　　估计企业的劳动力需求函数，其理论基础是假定每个企业的生产函数可以表达为一定的技术条件下，企业的增加值与投入的生产要素（如不同类型的工人、资本等）的技术关系。当企业对产品市场和要素市场的价格信号产生敏感的反应时，企业会选择资本和劳动的投入组合，以最低的生产成本达到其预计的产出水平 Q^*。因此，对不同类型的劳动力需求是工资、资本价格、计划产出以及生产技术的函数。对于特定的企业而言，我们难以观察并度量具体的生产技术。不过我们可以用一系列可观测的企业特征变量，来近似替代生产技术。

　　本章使用典型的劳动力需求方程以得到我们感兴趣的估计结果。高技能工人和低技能的工人被当作两种不同类型的劳动投入，因此，我们分别估计这两类工人的劳动需求方程。我们用以下方程式来描述具体的估计模型。

$$\ln L_{it}^j = \alpha_0 + \alpha_1^j \ln Q_i^* + \alpha_2^j \ln w_{i,t-1}^j + \beta_1^{i,k} sect_{it}^k + \beta_2^{i,l} own_{it}^l$$
$$+ \beta_3^j age_{it} + \beta_4^j ept_{i,t-1} + D_p + D_t + \varepsilon_{it}^j \qquad (10.1)$$

等式左边的变量 $\ln L_i^j$ 是企业 i 类型 j 的工人的就业（$j=1$ 代表生产工人，$j=2$ 代表管理人员）。等式右边的变量包括 $\ln Q_i^*$，企业计划的增加值的对数，$\ln w_{i,t-1}^j$ 滞后一期的工人工资的对数，以及一系列反映企业特征的变量。这些企业特征变量实际上用于替代每个企业的生产技术。$sect_{it}^k$ 是一组代表企业所属制造业门类的虚拟变量，own_{it}^l 是一组反映企业所有制的变量，控制企业所有制对生产技术的影响以及不同的所有制结构对企业融资和资金使用的机会成本的影响。age_{it} 是企业成立以来的时间。根据以前的研究，企业存活的时间既影响生产效率，也影响企业的技术选择（Jovanovic，1982；Liu and Tybout，1996）。D_p 是企业所在地理位置的虚拟变量，它们不仅控制与区位有关的技术因素，也控制当地劳动力市场的特征对劳动供给可能产生的影响。$ept_{i,t-1}$ 是企业在前一期是否出口产品，因为相对于满足内需的企业而言，出口企业不仅在生产技术上可能存在差异，对于需求的预期可能也有明显的不同，这必然影响到他们对劳动力的需求。D_t 是代表不同时点的变量，用以控制与时间相关，但对所有企业都相同的冲击，例如，金融危机对需求的冲击或调控政策对资金使用成本的影响等。ε_{it}^j 是误差项。

如前所述，不同类型工人之间的替代性也具有重要的政策含义。为了观察替代效应，我们对式（10.1）稍加改动，被解释变量为技能型工人与非技术工人的就业比率，而工资变量我们使用二者的工资之比，其他解释变量则保持不变。具体形式如下：

$$\ln(S/U)_{it} = \alpha_0 + \alpha_1 \ln Q_i^* + \alpha_3 \ln(w^s/w^u)_{i,t-1} + \beta_1^k sect_{it}^k + \beta_2^l own_{it}^l$$
$$+ \beta_3 age_{it} + \beta_4 ept_{i,t-1} + D_p + D_t + \varepsilon_{it} \qquad (10.2)$$

估计模型的选择是否恰当取决于扰动项的性质。影响扰动项的误差来源有以下几个方面。首先，由于企业对需求的波动难以准确把握，因此，实际的产出水平可能围绕预期的产出水平波动，并导致以实际观察到的产出水平 $\ln Q$ 来代理预期产出 $\ln Q^*$ 可能产生测量误差。在我们调查期间，金融危机的冲击对产出的这种影响可能非常可观。在我们调查的样本中，4 个省是沿海省份，其制造业的外向型特征非常明显，因此，围绕预期产出水平的波动可能是重要的偏差来源。在方程（10.1）中，$\ln Q_i^*$ 是计划产出水平的对数。如果企业在就业决定中未对上述需求冲击产生反应，那么观测到的实际产出可能不是就业决策的很好依据。由于对企业计划产出存在测量误差，采用 OLS 估计就业对产出和工资的反应都有可能存在偏差。

为了纠正观测的产出和误差项之间的相关性，我们使用工具变量估计式。这要求所选择的估计变量与计划的产出水平（高度）相关，而与（冲击导致的）产出的随机波动不相关。企业初始的资本存量满足这一要求，因此，我们以 2007 年固定资产净值的对数作为识别的工具变量。

其次，企业的差异性也是导致估计误差的来源。为了消除企业差异性的影响，我们控制了企业特征变量。实际上，通过差分估计也可以消除与特定企业关联的异质性。不过，差分虽然在一定程度上克服了异质性的偏差和不可观测变量的影响，也需要付出别的代价。Griliches（1986）以及 Griliches 和 Hausman（1986）指出，差分方法由于减少了数据的变异，从而会增加度量误差导致的偏差。时间跨度越短，这类偏差应越严重。本章使用的数据 4 个时点的跨度为 2 年，而且，使用差分会损失相当数量的观察值，造成新的选择性偏差，因此，差分回归没有作为本研究的主要选择。为了观察企业异质性的影响，本章在使用 2SLS 回归结果的同时，也使用了 GMM 估计，以期在使用具有异质性的样本时获得稳健的估计式。

此外，当使用企业层面的数据估计投入产出关系时，企业在利润最大化过程中可能同步决策产出水平和劳动投入，因此，OLS 估计式可能存在同时性（Simultaneity）导致的偏差（Griliches and Mairesse，1995）。Roberts 和 Skoufias（1997）认为，用微观数据估算需求弹性较之加总数据而言不易出现上述偏差。因为对于特定企业而言，劳动供给可以视作完全有弹性，因此工资的内生性不是问题。在本书中，我们使用滞后一期的工资, 以避免工资的内生性。

第四节　主要结果及其讨论

当使用工具变量进行估计时, 工具变量的有效性与下面两个前提是否得到满足有直接的关系。其一, 工具变量相对于被解释变量而言是否外生; 其二, 工具变量与计划的产出之间是否相关。以下我们通过一系列统计检验, 来观测我们所使用工具变量的有效性和准确性。各个方程式的检验的统计值见表 10-2。

首先, 通过 Sargan 检验可以观察工具变量是否存在过度识别。该检验的零假设是工具变量是有效的。我们得到统计值都不能拒绝零假设, 换言之, 不存在过度识别的问题, 所选择的工具变量的确是有效的。

其次, 我们需要考虑工具变量是否与内生的解释变量间具有相关性。在表 10-2 中, Anderson LM 统计值拒绝了零假设, 表明所选择的工具变量与计划产出之间是相关的。

表 10-2　　　　　　　　2SLS 主要统计检验值

指　标	生产工人	管理工人	生产工人/管理工人
第一阶段回归 F 统计值	57.03***	57.40***	21.35***
第一阶段回归 R^2	0.242	0.244	0.10
工具变量 t-值	20.53***	20.06***	21.13***
Anderson LM 统计值	421.53***	363.58***	449.27***
Cragg-Donald Wald F 统计值	424.01***	402.24***	446.64***
Sargan 检验值	恰好识别	恰好识别	恰好识别

注: ***表示 $p < 0.01$。

更进一步地, 我们需要考虑工具变量是否和计划产出仅仅存在弱相关。根据 Stock 等 (2002) 的研究, 在线性 IV 回归模型中, 可以通过观察第一阶段的回归统计值，判断是否存在弱工具变量问题。他们提出的原则包括：第一阶段回归的 F 统计值大于 10；工具变量在第一阶段的 t 值大于 3.5；第一阶段的 R^2 大于 0.30 等。近年来，一些更直接的统计检验方法相继得到应用（Stock and Yogo, 2005），例如表10 - 2 给出的 Cragg - Donald Wald F 统计值。结合诸多检验的统计值，我们可以判断，在本章使用的经验模型中，不存在弱工具变量问题。

我们估算了 OLS，2SLS 和 GMM 估计的结果。我们感兴趣的估计结果是产出和工资变量的估计系数，即就业的产出弹性、就业的工资弹性、不同类型工人之间的替代弹性。我们的讨论以 2SLS 估计结果为基础。与 2SLS 结果相比较，GMM 估计结果只是标准差略有差异，因此没有报告。如表 10 - 3 和表 10 - 4 所示，我们感兴趣的估计系数都在统计上具有显著性。

表 10 - 3 　　　　　　　　　　低技能工人的需求方程

解释变量	(1) IV 就业对数	(2) OLS 就业对数	(3) IV 工时对数	(4) OLS 工时对数
增加值对数	0.776 *** (0.038)	0.133 *** (0.006)	0.775 *** (0.038)	0.133 *** (0.006)
滞后一期低技能工人工资的对数	- 0.403 *** (0.139)	0.360 *** (0.066)	- 0.372 *** (0.140)	0.390 *** (0.066)
滞后一期出口	0.005 (0.098)	0.549 *** (0.046)	0.008 (0.098)	0.551 *** (0.046)
企业年限	0.004 (0.004)	0.026 *** (0.002)	0.003 (0.004)	0.026 *** (0.002)
部门——消费品	0.358 *** (0.133)	0.314 *** (0.066)	0.385 *** (0.133)	0.341 *** (0.066)
部门——原材料	0.242 * (0.127)	0.207 *** (0.063)	0.254 ** (0.127)	0.219 *** (0.063)
部门——资本与设备	0.144 (0.138)	0.124 * (0.068)	0.166 (0.138)	0.146 ** (0.069)

续表

解释变量	(1) IV 就业对数	(2) OLS 就业对数	(3) IV 工时对数	(4) OLS 工时对数
部门——其他	0.270 (0.182)	0.169* (0.090)	0.284 (0.182)	0.183** (0.091)
所有制——私营	0.255 (0.214)	-0.302*** (0.104)	0.261 (0.214)	-0.296*** (0.105)
所有制——联营/股份制/其他	0.224 (0.204)	-0.208** (0.100)	0.232 (0.204)	-0.200** (0.101)
所有制——外资	0.683*** (0.233)	0.017 (0.113)	0.692*** (0.233)	0.027 (0.114)
2008年年底	0.135 (0.088)	0.063 (0.043)	0.137 (0.088)	0.065 (0.044)
2009年年中	-0.311*** (0.093)	-0.033 (0.045)	-0.324*** (0.093)	-0.046 (0.046)
浙江	0.124 (0.176)	0.232*** (0.087)	0.137 (0.177)	0.245*** (0.088)
江苏	-0.128 (0.181)	-0.142 (0.089)	-0.116 (0.182)	-0.130 (0.090)
广东	0.437** (0.185)	0.691*** (0.091)	0.485*** (0.185)	0.739*** (0.092)
山东	-0.018 (0.179)	0.670*** (0.086)	-0.005 (0.179)	0.682*** (0.087)
吉林	1.918*** (0.266)	-0.016 (0.120)	1.915*** (0.266)	-0.017 (0.121)
湖北	0.075 (0.205)	-0.074 (0.101)	0.081 (0.205)	-0.069 (0.102)
陕西	1.361*** (0.204)	0.546*** (0.098)	1.379*** (0.204)	0.565*** (0.099)
常数项	2.636*** (0.982)	1.057** (0.480)	4.476*** (0.983)	2.900*** (0.484)
观察值数	3585	3585	3585	3585

注：括号中为标准误；＊＊＊表示 $p < 0.01$，＊＊表示 $p < 0.05$，＊表示 $p < 0.1$。

表 10 - 4 技能工人需求及相对需求方程

解释变量	(5) IV 技能工人 就业对数	(6) OLS 技能工人 就业对数	(7) IV 相对就业 对数	(8) OLS 相对就业 对数
增加值对数	0.752 ***	0.120 ***	-0.034 ***	-0.011 ***
	(0.038)	(0.006)	(0.012)	(0.004)
滞后一期技能工人工资 的对数	-0.530 ***	0.293 ***		
	(0.126)	(0.059)		
滞后一期技能与低技能 工人工资比率对数			-0.258 ***	-0.273 ***
			(0.053)	(0.053)
滞后一期出口	0.073	0.590 ***	0.067 **	0.047
	(0.097)	(0.046)	(0.032)	(0.031)
企业年限	0.009 **	0.032 ***	0.006 ***	0.005 ***
	(0.004)	(0.002)	(0.001)	(0.001)
部门——消费品	0.020	-0.018	-0.345 ***	-0.346 ***
	(0.131)	(0.066)	(0.044)	(0.044)
部门——原材料	0.180	0.128 **	-0.079 *	-0.081 *
	(0.125)	(0.063)	(0.042)	(0.042)
部门——资本与设备	0.159	0.116 *	-0.007	-0.010
	(0.136)	(0.068)	(0.045)	(0.045)
部门——其他	0.610 ***	0.458 ***	0.311 ***	0.312 ***
	(0.180)	(0.090)	(0.060)	(0.060)
所有制——私营	-0.082	-0.625 ***	-0.335 ***	-0.312 ***
	(0.211)	(0.105)	(0.071)	(0.070)
所有制——联营/股份制/其他	-0.035	-0.450 ***	-0.254 ***	-0.236 ***
	(0.201)	(0.100)	(0.068)	(0.067)
所有制——外资	0.511 **	-0.156	-0.180 **	-0.154 **
	(0.230)	(0.114)	(0.077)	(0.076)
2008 年年底	0.112	0.043	-0.023	-0.021
	(0.087)	(0.043)	(0.029)	(0.029)
2009 年年中	-0.302 ***	-0.040	0.009	-0.001
	(0.092)	(0.046)	(0.031)	(0.030)

续表

解释变量	(5) IV 技能工人 就业对数	(6) OLS 技能工人 就业对数	(7) IV 相对就业 对数	(8) OLS 相对就业 对数
浙 江	0.317 * (0.174)	0.354 *** (0.088)	0.150 *** (0.058)	0.140 ** (0.057)
江 苏	− 0.154 (0.179)	− 0.194 ** (0.090)	− 0.046 (0.060)	− 0.048 (0.060)
广 东	0.473 ** (0.184)	0.553 *** (0.093)	− 0.023 (0.062)	− 0.031 (0.062)
山 东	− 0.168 (0.177)	0.553 *** (0.087)	− 0.125 ** (0.059)	− 0.150 *** (0.058)
吉 林	2.051 *** (0.263)	0.186 (0.120)	0.136 (0.089)	0.211 *** (0.080)
湖 北	0.174 (0.202)	0.037 (0.101)	0.100 (0.068)	0.105 (0.068)
陕 西	1.522 *** (0.201)	0.773 *** (0.099)	0.179 *** (0.068)	0.211 *** (0.066)
常数项	2.287 ** (0.900)	0.029 (0.448)	− 1.236 *** (0.117)	− 1.368 *** (0.096)
观察值数	3585	3585	3585	3585

注：括号中为标准误；*** 表示 $p < 0.01$，** 表示 $p < 0.05$，* 表示 $p < 0.1$。

低技能工人的就业产出弹性为 0.78，劳动投入以就业来度量还是以时间度量，其弹性值的差异可以忽略。技能工人的就业产出弹性为 0.75。

低技能工人的工资弹性为 − 0.40，技能工人的工资弹性为 − 0.53。高技能的职工有着更高的工资弹性，意味着工资增长相同比例，相对于低技能工人，企业对高技能者的需求下降的比例更大。这也表明，中国的制造业仍然为劳动密集型产业所主导，对普通劳动力的需求仍然强劲。这一观察与先前关于劳动力短缺和普通工人工资变化的趋势也相吻合。

不同类型工人之间的替代弹性为 0.26。也就是说，高技能工人的相对工资增加 1%，将减少其相对需求约 0.26%。或者说，高技能工人的相对供给增加 1%，他们的相对工资会下降约 3.9%。

Ciccone 和 Peri（2005）利用加总数据，估计美国不同教育水平的工人之间的长期替代弹性为 1.5 左右。他们也总结了其他研究的估计结果，替代弹性值为 1.31—2.00。相比之下，我们估计的替代弹性值较小。以下几个原因可以解释这种差异。首先，其他研究分析的是不同类型工人之间的长期替代弹性。在长期，企业可以更灵活地调整资本存量和技术类型，从而使不同类型工人之间的替代更方便。其次，尽管我们的数据也表明管理工人在总体上较生产工人的受教育程度高，但这一定义尚不是对技能的直接度量。虽然在理论上我们尚不清楚其对估计结果的影响方向，但有可能导致替代弹性估计的偏差。再次，较小的替代弹性值可能与中国当前制造业部门的技术结构有关，当劳动密集型的行业仍然占据主导地位时，企业缺乏对技术工人的有效需求，其替代简单劳动力的可能性也更小。最后，已有的研究大多使用加总数据估计替代弹性，由于难以控制影响企业技术选择的特征，可能会高估替代弹性。

第五节 结论

利用制造业企业调查数据，本章检验了国际金融危机造成的需求冲击，以及劳动力市场转折所引起的劳动力成本不断上升的背景下，企业做出的就业反应。通过估算制造业企业的劳动力需求函数，我们测度了一些主要的劳动力需求弹性。

低技能劳动力需求相对于产出的弹性为 0.78，高技能工人的需求产出弹性为 0.75，二者大致相当。劳动力需求相对于产出而言，较富有弹性，这意味着制造业的发展仍然可以创造出可观的就业机会。而就业产出弹性在不同类型的工人间差别甚微，表明在目前的劳动力供给结构和企业技术类型下，制造业扩张为技能工人创造岗位的可能性只稍稍低于低技能的工人。这种情形与发达国家业已出现的技能偏向型技术变迁所产生的劳动力需求模式，有着很大的差别。据此判断，劳动力市场的转变至少在调查的时期和样本企业，尚未引致企业技术结构的明显变化。

低技能工人的需求工资弹性为 -0.40，而高技能工人的需求工资弹性为 -0.53。Hamermesh（1993）曾经对工资弹性的诸多研究结果进行了广泛的综述。参照其总结的成果并与本章的结果进行对比，我们发现中国制造业企业对新近发生的劳动力市场变化已经产生了有效的反应。这也意味着劳动力成本的进一步上升将会削减制造业部门的就业需求，并成为未来引致企业做出技术变迁的重要动因。

本研究的经验结果还显示，尽管替代弹性值与其他经济体相比不大，但不同类型工人之间的替代效应是存在的。如果低技能工人的相对工资持续上涨，会刺激企业转变其劳动力需求的结构，同时，也会促进企业进行技术结构的升级。

从政策的角度看，如果政府希望中国经济实现增长方式的转变和产业结构的升级，其前提是企业需要针对市场机制形成的价格信号做出正确的反应。这需要两个基本条件，首先，产业政策、劳动力市场制度以及其他要素市场的规制措施，不能扭曲生产要素价格的形成机制，唯有如此，企业才能为正确的信号（反映要素稀缺性）所引导。就劳动力市场而言，近年来的劳动力市场变化，已经显示了劳动力供求关系的转变，这恰恰是企业调整技术结构的重要依据。因此，目前正在推进的劳动力市场制度建设，需要在重视规范劳动力市场的同时，同样重视保护劳动力市场的灵活性，确保劳动力成本的变化尽可能反映劳动力的稀缺性，并尽量减少规制对劳动力成本的影响。

其次，企业需要有灵活的治理结构才能真正对要素价格做出反应。在竞争性的市场上，当要素价格上涨时，单个的企业在没有产品市场垄断地位的情况下，只能做出技术革新来应对。从加总层面看，众多企业的技术进步将体现为全要素生产率在经济发展中发挥更重要的作用。然而，一旦不同类型（如所有制）的企业在行业准入、产业政策、金融环境等方面难以获得同等机会，处于优势地位的企业可以垄断、补贴等方式消化要素价格变化的影响。这种情况下，不具备创新动力的企业仍然可以生存，而具备创新动力的企业则可能失去市场地位。从这个角度看，继续深化企业（尤其是国有企业）微观机制的改革，为各类企业创造平等的竞争环境，不仅必要，已然迫切。

参考文献

Acemoglu, D. (2002), Technical Change, Inequality, and the Labor Market, *Journal of Economic Literature*, 40 (1), 7 – 72.

Bresson, G., F. Kramarz & P. Sevestre (1992), Heterogeneous Labor and the Dynamics of Aggregate Labor Demand: Some Estimations Using Panel Data, *Empirical Economics*, 17 (1), 153 – 167.

Cai, F. & Y. Du (2011), Wage Increases, Wage Convergence, and the Lewis Turning Point in China, *China Economic Review*, 22 (4), 601 – 610.

Ciccone, A. & G. Peri (2005), Long – Run Substitutability between More and Less Educated Workers: Evidence from U. S. States, 1950 – 1990, *Review of Economics and Statistics*, 87 (4), 652 – 663.

Giles, J., A. Park, F. Cai & Y. Du (2012), Weathering a Storm: Survey – Based Perspectives on Employment in China in the Aftermath of the Global Financial Crisis, In Banerji, A., D. Newhouse, D. Robalino & P. Paci (eds.), *Labor Markets in Developing Countries during the Great Recession: Impacts and Policy Responses*, Washington, D. C.: The World Bank.

Griliches, Z. (1986), Economic Data Issues, In Griliches, Z. & M. D. Intriligator (eds.), *Handbook of Econometrics*, *Volume* 3. Amsterdam: North – Holland.

Griliches, Z. & J. A. Hausman (1986), Errors in Variables in Panel Data, *Journal of Econometrics*, 31 (1), 93 – 118.

Griliches, Z. & J. Mairesse (1995), Production Functions: The Search for Identification, *NBER Working Paper*, No. 5067.

Hamermesh, D. S. (1993), *Labor Demand.* Princeton, N. J. : Princeton University Press.

Jovanovic, B. (1982), Selection and the Evolution of Industry, *Econometrica*, 50 (3), 649 – 670.

Liu, L. & J. R. Tybout (1996), Productivity Growth in Colombia and Chile: The Role of Entry, Exit, and Learning, In Tybout, J. R. & M. J. Roberts (eds.), *Industrial Evolution in Developing Countries: Micro Patterns of Turnover, Productivity, and Market Structure*, Oxford: Oxford University Press.

Park, A. , J. Giles & Y. Du (2012), Labor Regulation and Enterprise Employment in China, Unpublished memo.

Roberts, M. J. & E. Skoufias (1997), The Long – Run Demand for Skilled and Unskilled Labor in Colombian Manufacturing Plants, *Review of Economics and Statistics*, 79 (2), 330 – 334.

Stock, J. H. , J. H. Wright & M. Yogo (2002), A Survey of Weak Instruments and Weak Identification in Generalized Method of Moments, *Journal of Business & Economic Statistics*, 20 (4), 518 – 529.

Stock, J. H. & M. Yogo (2005), Testing for Weak Instruments in Linear IV Regression, In Andrews, D. W. K. & J. H. Stock (eds.), *Identification and Inference for Econometric Models: Essays in Honor of Thomas Rothenberg.* Cambridge: Cambridge University Press.

都阳、曲玥:《中国制造业单位劳动力成本的变化趋势与影响》,载蔡昉主编《中国人口与劳动问题报告 No. 13——人口转变与中国经济再平衡》,社会科学文献出版社 2012 年版。

第十一章 劳动力市场转折的效应：
对收入分配形势的影响

当劳动力市场的改革使劳动力流动成为可能的时候，农村劳动力必然对城乡之间、地区之间劳动力价格的差异做出反应。这也是我们观察到劳动力流动的规模，尤其是农村向城市的迁移规模不断扩大的原因。正是由于中国的劳动力流动和迁移是以获取更高收入为动机的，其对收入分配的影响也非常直接。

首先，越来越多的农村劳动力由低生产率的部门向高生产率的部门流动。由于他们在农业部门的劳动生产率很低，他们在非农部门的就业不仅扩大了就业，也带来收入的改善，并由此成为推动收入分配形势向积极方向转化的主要动力。

其次，当劳动力流动的规模逐步扩大，随着经济发展和人口年龄结构的变化，劳动力市场上的供求关系也会发生明显的转变，并表现出不同于二元经济时代的新特征。其中一个突出的方面就是普通劳动者的工资开始以较快的速度上涨。由此，工资效应和就业扩大效应一起成为改善收入分配的重要推动力。

尽管劳动力市场的这种变化对于收入分配形势的影响方向是清晰的，但理论预期一直缺乏经验证据的支撑。造成这种局面的主要原因，是目前我们尚难以获得全面的统计数据，跟踪中国劳动力市场迅速变化的现实。尽管对于城乡结构变迁背景下统计数据的缺陷早有讨论（Ravallion and Chen，1999），但在劳动力市场形势发生新变化的条件下，其产生的影响也更加深远。一方面，在劳动力流动规模不断增加的情况下，基于以前城乡分割的二元经济时代的统计体系，已经难以覆盖流动的劳动力。相关部门正紧锣密鼓地实施城乡一体化的抽样体系，但依据目前的统计制度，难以观察就业扩大对收入分配改善的积极效应是不争的事实。另一方面，即便是城乡分割的统计样本，要获得足够的微观信息也很困难。正是由于这些原因，我们很难看到令人信服的研究，可以全面地反映劳动力市场变化对收入分配形势的影响。

对劳动力流动与收入分配变化关系的正确认识，也有助于我们进一步完善劳动力市场政策和收入分配政策。我们应当看到的是，就业扩大效应和低收入者的工资上涨效应，共同成为收入分配向积极方向转化的推动力。然而，从劳动力市场政策的效应来看，二者并不总是一致的。特别是在劳动力市场形势发生转折性变化的情况下，劳动力市场制度建设也因应形势变化的需要，越来越注重就业保护和提升劳动者的就业质量。诚然，在经济迅速增长、劳动力需求旺盛的时期，更严格的劳动力市场规制不会对就业岗位的增长产生明显的负面影响。但是，一旦经济增长遭受冲击（如国际金融危机），或长期的潜在经济增长率处于下降趋势，那么，扩大就业效应和工资上涨效应就可能难以保持同步。在这种情况下，如何使劳动力市场政策的调整与改善收入分配的目标相一致，就值得决策者考量。

第一节　劳动力流动政策的变迁

改革开放伊始至 21 世纪初，人口和劳动力流动政策改革的主要方向是赋予劳动者更多的择业自由。而纵观人口流动政策的演变过程，城乡关系的变化，尤其是城市劳动力市场供求关系的紧张程度，对改革的方向和进程产生了重要影响。

尽管农村剩余劳动力问题在农村改革实施之初就已经开始显现，但大规模的农村劳动力流动，则开始于 20 世纪 90 年代。从 1988 年下半年开始，经济过热引发了严重的通货膨胀问题。当时，中央做出了"治理经济环境、整顿经济秩序"的决定。在为期三年的治理整顿期间，由于国家采取了压缩基本建设投资规模，加强财税和信贷控制等一系列重要的经济措施，许多建设项目下马或停建，相当一部分企业开工不足，国民经济增长速度明显放慢。在这种形势下，城市劳动力市场的就业形势恶化，大量的农民工被清退，出现了已经转入城市的农民工向农村的逆向流动现象。

为了缓解城市就业压力，国家在这一时期加强了对农村劳动力流动的限制，要求严格控制当地民工盲目外出①，强调农村剩余劳动力的转移应当采取"离土不离乡"，就地消化和转移。对现有计划外用工，要按照国家政策做好清退工作，重点清退来自农村的计划外用工，使他们尽早返回农村劳动。同时，严格控制"农转非"过快增长，并把它纳入国民经济与社会发展规划。② 治理整顿政策也对农村非农产业的发展造成了严重冲击，乡镇企业吸纳劳动力的数量连续两年出现净减少，农村的就业空间变得十分有限。

上述政策措施对农村劳动力流动确实收到了控制效果。与1988年相比，1989年滞留于城市的流动人口减幅较大，各大城市中最大的回落幅度达到1/3左右，但是，这种回落持续的时间很短。到1990年、1991年，大多数城市的流动人口数量又恢复到了1988年的水平，有些城市还略有增长（王建民、胡琪，1996）。而且，这种人为限制农村劳动力流动的政策措施，也为90年代初期"民工潮"的出现积蓄了力量。

在城乡差距和地区差距不断扩大的趋势下，农村内部就业压力加大和城市户籍制度改革不可避免地带来了农村劳动力大流动，形成大规模的"民工潮"。在这种愈演愈烈的农村劳动力跨区流动的新形势下，依靠过去"堵"的政策措施显然不是解决问题的有效方法。借助于劳动力市场，采取疏导的办法是解决"民工潮"压力的唯一有效措施，也就成为这个时期的政策重点。

在这个时期，首先是通过农村劳动力开发就业试点工作积累经

---

① 《国务院办公厅关于严格控制民工外出的紧急通知》，1989年3月；《民政部、公安部关于进一步做好控制民工盲目外流的通知》，1989年4月10日。

② 《国务院关于做好劳动就业工作的通知》，1990年4月27日。

验。1991 年 1 月，劳动部、农业部、国务院发展研究中心等单位决定，联合建立中国农村劳动力开发就业试点项目。① 项目组织实施分两个阶段：1991—1994 年为第一阶段，试点工作主要在全国近 50 个县级单位中进行；1994—1996 年为第二阶段，试点工作在全国 8 个省展开。

其次是在前期试点工作经验的基础上，提出规范农村劳动力有序流动的各种措施。例如，农村劳动力外出之前，须持身份证和其他必要的证明，在本人户口所在地的劳动就业服务机构进行登记并领取外出人员就业登记卡；到达用人单位后，须凭出省就业登记卡领取当地劳动部门颁发的外来人员就业证；证、卡合一生效，简称流动就业证，作为流动就业的有效证件，享受劳动就业服务机构提供的就业服务。② 对于离开常住户口所在地、拟在暂住地居住一个月以上的年满16 周岁人员，如果不是为了探亲、访友、旅游、就医、出差等目的，在申报暂住户口登记的同时，应当申领暂住证。暂住证为一人一证，有效期限最长为一年，暂住期满需继续暂住的，应当在期满前办理延期或换领手续。③

最后是探索户籍制度改革的突破口。1997 年，国务院批转的公安部《小城镇户籍管理制度改革试点方案和关于完善农村户籍管理制度的意见》明确规定，从农村到小城镇务工或者兴办第二、第三产业的人员，小城镇的机关、团体、企业和事业单位聘用的管理人员、专业技术人员，在小城镇购买了商品房或者有合法自建房的居民，以及其共同居住的直系亲属，可以办理城镇常住户口。1998 年 7 月，国务院批转的公安部《关于解决当前户口管理工作中几个突出问题的意见》提出，凡在城市有合法固定的住房、合法稳定的职业或者生活来源，

---

① 《劳动部、农业部、国务院发展研究中心关于建立并实施中国农村劳动力开发就业试点项目的通知》，1991 年 1 月 26 日；《劳动部、农业部、国务院发展研究中心印发中国农村劳动力开发就业试点项目指导小组〈关于在省一级开展农村劳动力开发就业试点工作的意见〉的通知》，1993 年 6 月 18 日。

② 《劳动部关于农村劳动力跨省流动就业管理暂行规定》，1994 年 11 月 17 日。

③ 《公安部关于暂住证申领办法》，1995 年 6 月 2 日。

已居住一定年限并符合当地政府有关规定的，可准予在该城市落户。

此外，还通过开展对农村劳动力培训和改善服务，来调控农村劳动力的流动。例如，建立劳动预备制度①，提高流动就业农村劳动力职业技能，建立健全劳动力市场规划和信息服务系统②，加强劳动力市场建设等。

虽然这个时期政策重点是积极引导农村劳动力有序流动，但是，20 世纪 90 年代中期深化国有企业改革和城市就业制度改革，导致大量国有企业富余人员下岗失业。为了解决这些下岗失业人员的就业问题，不少城市采取了就业保护制度，对一些就业岗位做出政策规定，把外来农村劳动力排斥在外。由于在实际运行中作用不大，这项政策很快就被自动废除。因此，在进入 21 世纪后，农民工外出就业的数量开始迅猛增加，国家统计局也开始对农民外出就业组织专项统计，这一时期外出农民工就业的数量见表 11 -1。

表 11 -1   农民工与城镇就业的数量与增长速度

年 份	农民工		城镇就业	
	人数（万）	年增长率（%）	人数（万）	年增长率（%）
2001	8399	7.0	24123	4.29
2002	10470	24.7	25159	4.29
2003	11390	8.8	26230	4.26
2004	11823	3.8	27293	4.05
2005	12578	6.4	28389	4.02
2006	13212	5.0	29630	4.37
2007	13697	3.7	30953	4.47
2008	14041	2.5	32103	3.72
2009	14533	3.5	33322	3.80
2010	15300	5.3	34687	4.10

资料来源：国家统计局（2011）；国家统计局农村社会经济调查司（历年）。

---

① 《劳动和社会保障部办公厅关于印发做好农村富余劳动力流动就业工作意见的通知》，2000 年 1 月 17 日。

② 国务院办公厅转发的劳动部等部门《关于进一步做好组织民工有序流动工作意见》，1997 年 11 月。

21世纪初以来，农村劳动力转移就业环境出现了积极的变化。随着城乡管理体制的不断改革，农民进城务工对城市社会经济发展的贡献作用逐步得到社会的承认，社会各方面对进城务工农民的思想观念和态度也发生了变化。

这些变化大致分为四个方面：一是取消各种不合理的收费。例如，取消对外出或外来务工人员收取的暂住费、暂住（流动）人口管理费、计划生育管理费、城市增容费、劳动力调节费、外地务工经商人员管理服务费、外地建筑企业管理费等多种收费。①

二是公平对待农民工流动，开始着手全面解决农民工进城务工问题。提高做好农民进城公共就业管理和服务工作的认识，对农民进城务工采取"公平对待、合理引导、完善管理、搞好服务"的十六字方针②，取消对农民进城务工就业的不合理限制，切实解决拖欠和克扣农民工工资问题，改善农民工的生产、生活条件，做好农民工培训工作，多渠道安排农民工子女就业，加强对农民工的管理等。③ 2006年，国务院出台了《关于解决农民工问题的若干意见》。该文件对农民工转移就业形势产生了深远的影响，其中最为突出的一点是，在全社会形成了关心、鼓励和支持农民工转移就业的主流价值观。

三是开始建立和完善对农民工群体的社会保护。很多地区开始实施针对农民工的社会保险计划，虽然覆盖率还不够高、保护水平也较低，但这些地区的实践为今后针对农民工社会保护的制度建设打下了良好的基础。在这一时期，最低工资制度开始全面实施，有效地保护了在城市就业的农民工的利益。针对拖欠农民工等现象，政府还采取了专项治理措施。

四是开始把农民工群体纳入积极就业政策的服务对象。例如，2003年9月，由农业部、劳动和社会保障部、教育部、科技部、建设

---

① 《国家计委、财政部关于全面清理整顿外出或外来务工人员收费的通知》，2001年10月30日。

② 《中共中央国务院关于做好2002年农业和农村工作的意见》，2002年1月10日。

③ 《国务院关于做好农民进城务工就业管理和服务工作的通知》，2003年1月5日；《国务院关于解决农民工问题的若干意见》，2006年3月27日。

部、财政部六部委共同制定，国务院办公厅转发了《2003—2010 年
全国农民工培训规划》，由中央和地方财政安排专项经费，用于农民
工的培训工作。随着这些政策措施的落实和完善，农村劳动力转移和
就业将进入一个前所未有的平等就业环境。农民工外出就业的数量也
大大增加，到 2010 年达到 1.53 亿人。

第二节　观察扩大就业的收入分配效果

　　一般认为，发展中国家存在收入差距的重要原因是资本相对不
足，而劳动力丰富。在这种情况下，资本由于其稀缺性可以获得高回
报，而劳动者一方面由于就业机会的不足，难以参与初次分配，另一
方面也由于劳动力市场供大于求，其在劳动力市场获得的回报很低。
因此，对二元经济体而言，缩小收入差距的首要任务，是让尽可能多
的劳动者获得就业机会，参与初次分配。只有穷人能够充分利用其拥
有的最主要的禀赋——劳动力，收入差距才有缩小的可能。发展中国
家摆脱二元经济结构是通过劳动力不断地由农业部门向非农部门的转
移实现的。如果说剩余劳动力在农业部门的边际劳动生产率为零的
话，那么，在非农部门的就业不仅实现了劳动力要素生产效率的提
高，也是缩小（原本的）剩余劳动力和非农部门劳动者之间收入差距
的重要途径。

　　过去三十多年中国非农部门的就业增长是不争的事实。根据国家
统计局的数据，2010 年非农部门的就业总量为 4.83 亿人，较之 2000
年的 3.56 亿人增长了 1.27 亿人。尽管加总就业统计的准确性尚存争
议（Du and Wang，2011），但根据两年的经济普查资料我们也可以观
察到非农就业岗位的迅速增长：2004—2008 年，非农就业的年度平均
增长率为 7.2%。非农就业的迅速增长意味着大量农村劳动力从农业
部门向非农流动，同时也表明有越来越多的劳动者获得参与初次分配
的机会。

　　遗憾的是，大规模的劳动力流动尤其是农村劳动力向城市迁移所

带来的收入分配效应很难为现有的城乡分割的统计体系所充分反映。由于我们尚且缺乏城乡一体化的住户调查抽样方案，对劳动力流动所引起的收入变化，也很难精确地反映。另外，从统计分析的角度来看，对收入不平等指数的计算，往往只计量有收入者（收入大于零），而略去负收入或收入为零的观察值。随着就业规模的扩大，原本为零的劳动者获得了低收入，他们也相应地加入了不平等指数的计算，此时，我们反而会观察到扩大了的收入差距。虽然我们缺乏实际数据来描述这种现象，但可以通过以下模拟来展示扩大就业带来的收入分配效应改善是如何被忽略的。

我们随机产生 10000 个观察值，其收入分布符合正态分布。但由于在初始状态下，一部分人没有获得就业机会，因此，其收入为零。在表 11 - 2 的例子中，这样的观察值为 807 个。由此，我们可以相应地计算出观察到有收入的劳动者的收入不平等指数。随着就业规模的扩大，原本没有就业的劳动力获得了非农收入，但他们的收入较低。我们将初始状态理解为就业扩大之前的情形，将第二次观察视为扩大就业后的情形。模拟的结果见表 11 - 2。

表 11 - 2　　　　　　　　对扩大就业的收入分配效应的模拟

指　标	扩大就业前（1）	包括零收入（2）	扩大就业后（3）
观察值数	10000	10000	10000
收入为 0 的观察值数	807	807	0
计入不平等指数的观察值数	99193	10000	10000
GE（-1）	1.01	—	0.95
GE（0）	0.22	—	0.25
GE（1）	0.16	—	0.19
GE（2）	0.15	0.25	0.18
Gini	0.31	0.40	0.34

如表 11 - 2 中第 1 列所示，在就业扩大之前，度量收入不平等时，如果在不平等指数中没有计入小于等于零的观察值，则基尼系数

为 0.31，泰尔指数为 0.16；考虑小于等于零的观察值，基尼系数将
扩大到 0.40；在就业机会增加以后，如果新增加的就业者集中于相对
低收入的部门，则扩大就业后的基尼系数为 0.34，泰尔指数为 0.19。
可见，如何在计算收入分配指数时考虑小于零的收入成为影响收入分
配判断的关键。如果考虑所有的样本，则扩大就业一定会缩小收入差
距；如果考虑选择性的样本，则扩大就业改善收入分配的效应可能被
遗漏。

　　当然，如果上述效应仅仅是计算环节出现的问题，研究者可以通
过调整计算方法，获得更加真实的收入分配度量。然而，在现行的统
计体系下，诸多调查的抽样方案难以有效反映劳动力流动及其扩大就
业的效应，就必然使我们对收入分配形势的分析落入表 11 - 2 中第 1
列的情形。

　　我们可以利用"中国城市劳动力市场调查"收集的微观数据，观
察扩大就业的收入分配效应。在以下的经验模型中，我们首先对家庭
人均收入的决定因素进行回归，我们的目的是观察在控制其他收入决
定因素的基础上，就业变量对于家庭人均收入的影响。具体的回归方
程如下：

$$y_i = \alpha_0 + \alpha_1 EMP_i + \alpha_3 HE_i + \alpha_4 SE_I + \alpha_5 AGE_i + \alpha_6 AGE_i^2 + \alpha_7 H_i$$

$$+ \alpha_8 ML_i + \alpha_9 FL_i + \alpha_{10} SIZE_i + \sum_{j=2}^{5} CT_j + \varepsilon_i \qquad (11.1)$$

　　式（11.1）左边为家庭人均收入，回归的变量分别为家庭成员中
就业者的比例、户主及配偶的受教育年限、家庭成员的平均年龄及其
平方项、家庭成员的平均健康水平、家庭成员中男女劳动力的比例、
家庭规模以及城市虚拟变量。收入决定方程的回归结果见表 11 - 3。
很显然，就业是家庭人均收入的一个主要决定因素，在三轮数据的回
归中都显著为正。但我们真正关心的问题是就业在多大程度上影响了
收入分配。为了达到这一目的，我们基于收入决定模型对家庭人均收
入的不平等指数进行分解，以观察不同的因素对于收入分配变化影响
的方向及程度。

表 11 – 3　　　　　　　　　　城市家庭的收入决定

变　量	2001 年		2005 年		2010 年	
家庭成员就业的比例	693.49	11.70	10505.76	13.75	1255.5	11.36
户主的受教育年限	24.20	6.66	530.53	8.5	91.6	10.10
配偶的受教育年限	4.48	1.44	15.03	0.34	1.8	0.20
家庭平均年龄	2.84	0.29	− 281.58	− 2.4	− 28.4	− 2.42
家庭平均年龄的平方	0.14	1.36	4.37	3.74	0.5	3.93
家庭平均健康水平	52.29	3.41	560.68	3.06	140.7	6.41
男劳动力占家庭成员比例	195.81	3.17	6753.28	4.4	− 198.3	− 0.70
女劳动力占家庭成员比例	52.03	0.60	7500.04	4.59	− 216.9	− 0.69
家庭规模	− 55.31	− 3.85	− 38.64	− 0.19	− 25.3	− 0.98
武　汉	− 412.09	− 13.00	− 6413.11	− 13.38	− 551.4	− 7.59
沈　阳	− 480.32	− 14.83	− 6712.66	− 14.49	− 876.9	− 13.51
福　州	− 243.62	− 6.13	− 3643.29	− 7.02	− 576.4	− 8.00
西　安	− 488.17	− 14.85	− 6442.76	− 14.04	− 789.2	− 11.16
常数项	− 317.25	− 1.34	− 1713.28	− 0.6	217.1	0.83
R^2	0.24		0.40		0.25	
观测数	3490		2499		3526	

资料来源：根据 CULS 调查资料计算。

　　基于回归的收入差距指数分解是新近发展的研究方法（Fields，1998；Bourgignon et al.，1998；Morduch and Sicular，2002）。较之传统的不平等指数分组分解的方法，基于回归的分解有很多优越性，例如，它可以考虑连续变量对不平等指数的贡献，也可以控制分组分解容易出现的内生性问题。我们在这里利用回归结果，对城市家庭收入的泰尔指数进行分解，其基本方法如下。

　　遵循 Shorrocks（1982）提出的基本概念，不平等指数可以表达为家庭收入加权之和的形式。

$$I(y) = \sum a_i(y) y_i \qquad (11.2)$$

　　其中，$I(y)$ 为总体的不平等指数，如泰尔指数、基尼系数、变异系数等，y_i 为家庭 i 的人均收入，$a_i(y)$ 为应用于每一个家庭的权重，它随着收入差距度量指标的不同而有所差异。回归方程中的每一个回归因子都对不平等指数有贡献。我们可以将因素 k（即回归模型中的解释变量和残差）在整体不平等指数中的贡献 s^k 用下式来表达：

$$s^k = \frac{\sum_{i=1}^{n} a_i(y) y_i^k}{I(y)} \tag{11.3}$$

由于式（11.3）中每一个收入来源取决于回归系数 $\hat{\beta}_k$ 和家庭 i 每一个因素的绝对水平 x_i^k，因此，基于回归的收入差距分解可以表达为：

$$s^k = \beta_k \left(\frac{\sum_{i=1}^{n} a_i(y) x_i^k}{I(y)} \right) \tag{11.4}$$

具体到我们在本章中使用的指标泰尔指数，收入差距的总体指数及其按照回归方程的分解来源分别是：

$$I_{TT}(y) = \frac{1}{n} \sum_{i=1}^{n} \frac{y_i}{\mu} \ln\left(\frac{y_i}{\mu} \right) \tag{11.5}$$

以及

$$s_{TT}^k = \frac{\frac{1}{n} \sum_{i=1}^{n} y_i^k \ln\left(\frac{y_i}{\mu} \right)}{\frac{1}{n} \sum_{i=1}^{n} y_i \ln\left(\frac{y_i}{\mu} \right)} \tag{11.6}$$

由此，我们可以根据表 11 – 4 的回归结果对家庭人均收入的泰尔指数进行因素分解。我们的估计结果表明，家庭收入的不平等程度在几轮的回归中处于下降趋势，以泰尔指数度量从 2001 年的 0.285 下降到 2010 年的 0.231。由于根据各个因素分解后的收入不平等指数具有可分可加的特性，我们将各因素根据类别合并，所得到的结果如表 11 – 4 所示。从该表的结果我们可以发现，扩大就业有利于缩小收入差距。从三轮调查数据的分析结果看，就业增加可以使城市家庭以泰尔指数度量的收入不平等程度缩小 14% —23%。从其他类别的因素看，人力资本的增加有助于缩小收入差距，而人口统计特征的变化在总体上对于缩小收入差距有积极的作用，但区域间的差距仍然是收入差距的重要来源。

表 11 - 4　　　　　　收入差距的来源：基于回归结果的分解

指　标	2001 年	2005 年	2010 年
家庭人均收入的泰尔指数	0.285	0.261	0.231
家庭成员的就业比例	-14.1	-22.5	-13.5
人力资本	-25.0	-45.5	-41.9
人口统计特征	-117.6	-4.7	-14.5
区域因素	111.0	29.0	35.9
回归残差项	120.9	136.0	128.8

第三节　劳动力流动的收入分配效应

如前所述，囿于资料的限制，我们尚难以观测劳动力大规模地由农村向城市流动以及刘易斯转折点的来临所引起的总体收入差距变化。但中国劳动力市场和经济发展的基本趋势已经告诉我们，劳动力市场结果朝着有利于收入分配形势改善的方向变化。姑且不论造成收入差距的其他因素，劳动力市场的发展会使工资性收入的差距逐步缩小。我们从以下几个方面分析劳动力流动及其产生的收入分配效应。

一　农民工内部的收入趋同

首先，既然大规模的劳动力流动在很大程度上是对收入差距的反映，那么劳动力流动本身就应该促进劳动力市场的一体化，并缩小劳动者之间的收入差距，尤其是农民工内部的收入趋同。在以前的经验分析中（Cai et al., 2007），我们已经发现了农民工的工资趋同以及劳动力市场一体化不断演进的趋势。随着劳动力市场形势的变化，低收入群体的收入增长速度开始加速，这必然驱使农民工内部的收入差距也将呈逐步缩小之势。同样，我们根据三轮的城市劳动力市场调查数据，观察农民工群体内部的收入差距变化情况，所得到的各种收入差异度量指标的计算结果见表11 - 5。

表11 - 5 农民工内部的收入差距

指 标	CULS 2001 (a)	CULS 2005 (b)	ULS 2010 (c)	(c/a -1) × 100%
p90/p10	5.854	5.000	3.750	-35.9
p90/p50	2.614	2.500	2.000	-23.5
p10/p50	0.447	0.500	0.533	19.2
p75/p25	2.003	2.000	2.400	19.8
GE (-1)	0.321	0.210	0.202	-37.1
GE (0)	0.262	0.183	0.168	-35.9
GE (1)	0.291	0.195	0.175	-39.9
GE (2)	0.443	0.253	0.220	-50.3
Gini	0.396	0.334	0.319	-19.4
A (0.5)	0.129	0.090	0.082	-36.4
A (1)	0.231	0.167	0.155	-32.9
A (2)	0.391	0.296	0.288	-26.3

表11 - 5有四类指标：分位值的比、广义熵（Generalized Entropy）、基尼系数及阿特金森指数。我们看到，尽管各类指标对农民工收入差异变化的敏感区域不同，但收入差异指标总体下降的趋势是一致的。2010年与2001年相比，基尼系数下降了19.4%，泰尔指数则下降了40%。而由于普通工人工资的普遍上涨，收入最高的10%的农民工和收入最低的10%的农民工的平均收入之比，由2001年的5.85，下降到2010年的3.75，下降的幅度为35.9%。我们也可以推断出，随着刘易斯转折点的来临，普通工人在劳动力市场上供求关系的转变，是导致农民工内部出现工资趋同的重要原因。

二 城市劳动力市场上的收入趋同

虽然农民工的工资趋同正在发生，农民工内部的收入差距在不断缩小，但一个大家关心的问题是，农民工进入城市劳动力市场，是否产生城市的低收入群体，并导致城市劳动力市场上的收入差距不断扩大？为了回答这一问题，首先，我们需要了解的是农民工身份是否在城市劳动力市场上仍然是导致其收入差距的决定因素。我们关于劳动力流动政策和户籍制度改革进程的梳理已经表明，从就业和工资决定的角度看，劳动力市场制度的改革较为充分，这也就意味着，随着劳动力市场自由化程度的提高，户籍在工资决定中的作用会逐步弱化。为了从经验上验证居民身份对工资决定的影响，我们将农民工样本和城市本地职工的样本混合，并加入"是否具有外来身份"的虚拟变量，在控制个人特征和劳动力市场区域特征（城市变量）后，观察迁移身份变量的系数变化。回归结果如表 11 - 6 所示。

表 11 - 6　　　　　　　　　外来身份在工资决定中的作用

解释变量	CULS2001	CULS2005	CULS2010
迁移身份（农民工 = 1）	- 0.107（3.85）***	- 0.087（2.95）***	- 0.048（2.38）**
受教育年限	0.102（25.21）	0.098（20.60）	0.11（30.98）
经　验	0.005（1.89）	- 0.001（1.09）	0.018（6.48）
经验的平方	- 0.0（- 1.20）	- 0.0（1.12）	- 0.0（- 5.13）
性别（男性 = 1）	0.21（10.50）	0.24（11.07）	0.18（11.05）
城市虚拟变量	有	有	有
观察值数	6260	6535	7940
调整后 R^2	0.31	0.42	0.37

注：括号中的数值为 t 统计值。*** 为在 1% 水平上显著，** 为在 5% 水平上显著。

我们发现在控制其他变量后，户籍制度在工资决定中的作用逐步减弱。如表 11 - 6 所示，在控制其他变量后，2001 年农民工的平均工资水平较本地工人低 11%，到 2005 年下降到 9%，2010 年进一步下降到 5%。考虑到农民工流入城市的数量呈扩大趋势，2009 年农民工总量是 2001 年的 1.73 倍，农民工和城市本地工人之间的工资趋同，必然会成为推动劳动力市场上总体工资差异缩小的重要力量。

当然，劳动力市场竞争性的增强，以及户籍在工资决定中的作用弱化，只是流动人口和城市本地人口工资收入差距缩小的必要条件之一。如果这两个群体在禀赋特征上仍然存在显著的差异，那么，劳动力市场的正常运行也会使二者之间的收入差距继续扩大。我们看到由于教育规模部门的扩张，城市劳动力市场上以受教育年限度量的教育水平在两个群体之间呈缩小的趋势。例如，2001 年城市本地职工的平均收入教育年限为 11.65 年，是农民工的 1.41 倍，2010 年城市本地职工的平均受教育年限为 12.55 年，是农民工的 1.31 倍。同时，农民工在城市工作经历的延伸，也有利于他们获得更高的收入。为了直接观察包含两个群体之后，城市劳动力市场上劳动收入差距的变化情况，我们同样使用三轮的中国城市劳动力市场数据，计算城市本地劳动力和农民工后，城市劳动力市场的收入不平等指数，各种收入差异指标的计算结果见表 11 - 7。

表 11 - 7　　　　　　　城市劳动力市场上收入差距的变化

指　标	CULS2001 （a）	CULS2005 （b）	CULS2010 （c）	（c/a - 1）× 100%
p90/p10	5.619	5.000	4.625	- 17.7
p90/p50	2.458	2.500	2.220	- 9.7
p10/p50	0.438	0.500	0.480	9.6
p75/p25	2.400	2.400	2.557	6.5
GE（-1）	0.333	0.266	0.228	- 31.5
GE（0）	0.232	0.214	0.184	- 20.7
GE（1）	0.247	0.223	0.185	- 25.1
GE（2）	0.352	0.291	0.224	- 36.4
Gini	0.371	0.359	0.332	- 10.5
A（0.5）	0.112	0.103	0.088	- 21.4
A（1）	0.207	0.192	0.168	- 18.8
A（2）	0.400	0.347	0.313	- 21.8

我们看到，从总体上看，包括农民工在内的城市劳动力市场总体工资差异呈逐渐缩小的趋势。基尼系数由 2001 年的 0.37，下降到 2010 年的 0.33；泰尔指数由 0.25 下降到 0.19。其他不平等的度量指

标也都有不同程度的下降。

值得注意的是，尽管基尼系数的变化受到各界的关注最多，但不同的收入差距度量方式对于我们理解收入分配的变化有不同的意义。就广义熵而言，其参数值越大，度量不平等的指数值对于位于收入分布顶端的收入差异越敏感；而阿特金森指数的参数越大，度量不平等的指数值对于位于收入分布底端的收入差异越敏感；基尼系数则对于中间收入者（众数）敏感。

观察表 11 - 7 中各种不平等度量指标，也的确呈现出了不同幅度的变化。以广义熵为例，如果使用对收入底部差异和收入顶端差异敏感的 GE（-1）和 GE（2），两个指数从 2001 年到 2010 年的下降幅度分别为 31.5% 和 36.4%。而对位于收入分布中间部分的敏感的收入不平等指标，则变化幅度相对较小，例如基尼系数仅下降了约 11%。阿特金森指数的变化也体现出了这一特点，对位于收入分布两端敏感的指数分别下降了 21.4% 和 21.8%，而对中间区域敏感的指标下降了 18.8%。

由此可见，农村劳动力在城市劳动力市场的表现以及劳动力市场总体供求关系的变化，都有可能影响到城市总体收入差距的变化：由于普通劳动者的工资快速上涨，位于城市劳动力市场上收入分布底部的群体收入差异会有更明显的变化，因此，GE（-1）和 A（2）都会有比较明显的变化；而农民工群体中的成功者在城市劳动力市场上也可能会有越来越好的表现，从而使城市劳动力市场上收入分布顶端的群体收入差异也产生比较明显的变化，所以，GE（2）和 A（0.5）也会有更明显的变化。

劳动力流动对收入差距产生的影响体现于不同群体的收入变化之中，这也要求我们使用更丰富的指标，更加全面地观察、度量这种变化。某一个收入差异度量指标的变化不敏感，如基尼系数，并不意味着收入分配形势没有改善。

三　总体收入差异的变化

虽然我们通过城市劳动力市场上的微观数据发现农民工内部的工资趋同以及农民工与城市本地职工的工资差异在逐渐缩小，但是，尚不足以说明劳动力流动及刘易斯转折点的来临对总体的收入差距产生了显著的影响。因为，一直以来城乡收入差距都被认为是总体收入差异最主要的组成部分。但由于现行的统计体系在城乡收入调查里都没能有效地包括农民工群体，可能造成严重的抽样偏差（Park，2007），并导致对收入差距的高估（Cai and Wang，2009）。

遗憾的是，我们尚缺乏对总体具有代表性的时间序列资料，分析包括农民工在内的总体收入差异的变化情况。不过，我们可以利用2005年全国1%人口抽样调查资料，观察如果在现有的城乡收入统计体系里加入农民工，会对收入分配的估计产生什么样的影响。在表11 -8中第1列是通常对城乡收入差距的估计，即只包括农村劳动力和城市本地人口，而第2列则是包括了农民工的情形。估计结果显示，如果包含了农民工，那么所有的收入差异度量指标值都会下降。

表 11 -8　　　　　城乡收入差异的变化：有偏和无偏的估计

指　标	农村工人 + 城市工人	农村工人 + 城市工人 + 农民工	变化（%）
p90/p10	10.642	10.145	-4.67
p75/p25	3.604	3.694	2.50
GE（-1）	0.668	0.657	-1.65
GE（0）	0.422	0.408	-3.32
GE（1）	0.425	0.407	-4.24
GE（2）	0.740	0.705	-4.73
Gini	0.484	0.474	-2.07
A（0.5）	0.190	0.183	-3.68
A（1）	0.344	0.335	-2.62
A（2）	0.572	0.568	-0.70

可以预见的是，劳动力流动规模越大，农民工的工资收入越高，在估算收入差距时，忽略农民工群体所造成的偏差就越大。根据国家统计局农村司的调查，2005年农民工的数量为1.26亿人，月平均工资水平为821元（2001年价格）；到2009年农民工数量增加了

15.6%，实际工资水平增长了48.7%。因此，我们可以想象，忽略农民工群体所造成的总体收入差距的高估会更严重。

第四节 结论

虽然从总体上看，中国的劳动力市场仍然未能实现劳动力完全自由的流动，但在过去三十多年里，劳动力市场的改革是充分有效的。其突出的体现是，直接限制劳动力流动的政策和制度约束得到了有效的清理，劳动力流动，尤其是农村劳动力从农业向非农业的转移规模越来越大。实证研究也表明，市场机制在就业决定和工资形成等环节发挥着越来越重要的作用，这也使来自农村的劳动力和城市劳动力之间的工资性收入差距逐步缩小。

当然，劳动力市场的改革进程远没有结束。其中最重要也最艰巨的任务是对以户籍制度为核心的社会保护体系的改革。虽然在不同人群之间实现社会保护和公共服务的均等化、一体化的目标已经非常清晰，但对户籍制度的系统改革仍然任重而道远。本章通过对既定改革的梳理发现，系统地改革户籍制度不仅涉及户籍登记，更重要的是对土地制度、社会保护体系和公共服务做出恰当合理的安排。对户籍制度进行全面深入的改革，不仅条件成熟，而且非常迫切。户籍制度的系统改革也将成为进一步缩小差距的新契机。

户籍制度改革的核心是剥离户籍和福利之间的关联。从操作层面看，需要对目前分割的社会保险制度和社会救助体系实施一体化改革。其基本思路是，在养老、医疗、低保等基本制度上提供低水平、广覆盖的公共支持。深化户籍制度改革须满足以下几个方面的要求：

（1）消除福利体系的区域间差异。这就要求中央政府承担公民基本福利的义务，由中央财政提供最基本的社会保护项目的资金来源。唯有如此，才能彻底消除人口在区域间流动的"寻租动机"，破除来自地方政府对户籍制度改革的阻力。

（2）把个人福利水平与缴费挂钩，在基本福利制度的基础上，将个人的更高福利水平与个人缴费水平挂钩。这样，不仅可以彻底剥离户籍的福利含义，也可以使户籍制度改革获得多数群体的支持。

（3）对现有的社会保护项目进行改革和整合，消除福利制度碎片化对户籍制度改革的影响。

（4）从改革方式上，启动新一轮的户籍制度改革。户籍制度改革如果仅仅停留在地方层面，就永远难以消除其对劳动力流动的阻碍。户籍制度的改革都遵循我国改革开放以来一直尝试的渐进改革原则。然而，户籍制度涉及的内容、对象和性质，决定了渐进改革的方式难以从根本上满足现阶段的发展需求。户籍制度的全面改革应该进入系统设计、全面改革、统筹城乡、覆盖全民的阶段，也需要一次自上而下的顶层设计：唯有超脱部门利益、地方利益的改革方案，才能真正逐渐消除户籍对社会经济发展产生的消极影响。

我们的研究表明，劳动力市场的改革和劳动力流动规模的增加，无疑是缩小收入差距的积极手段。根据本章的分析，劳动力流动通过两个效应改善收入分配形势。首先，通过就业扩大效应，即让更多的人参与初次分配，进而改善收入分配的形势。遗憾的是，现有的统计资料，难以使我们对这一效应进行全面的评估。其次，通过收入趋同效应，缩小收入差距。当经济发展面临刘易斯转折点，劳动力的充分流动会引发不同群体的工资趋同，并产生缩小收入差距的推动力。我们的观察表明，农民工之间、城市工人与农民工之间以及城乡之间的收入差距都可能因劳动力的流动而缩小。基于城市劳动力市场的微观数据分析表明，近年来不断扩大的就业总量（主要是农民工）是缩小收入差距的推动因素。

因此，在现阶段，我们至少可以说劳动力市场发育带来的就业扩大效应以及劳动力流动所产生的工资收敛，正在对缩小收入差距发挥积极的作用。我们也有理由相信，在刘易斯转折点之后，主要的劳动力市场结果会向更有利于收入分配改善的方向转化，与库兹涅茨转折点的会合也会加速。

当然，考虑到还有很多其他因素（福利、资产收入等）构成收入分配形势的影响因素，在判断总体的收入差距形势时，我们还需要更

多的经验证据，以观察劳动收入在收入分配格局中的相对影响及总体
收入分配趋势的变化方向。

参考文献

Cai, F. & Y. Du (2011), Wage Increases, Wage Convergence, and the
Lewis Turning Point in China, *China Economic Review*, 22 (4),
601 – 610.

Cai, F. , Y. Du & C. Zhao (2007), Regional Labor Market Integration
since China's WTO Entry, In Garnaut, R. & L. Song (eds.),
China: Linking Markets for Growth, Canberra: Asia Pacific Press.

Fields, G. S. (1998), Accounting for Income Inequality and its Change,
Unpublished memo, Cornell University.

Morduch, J. & T. Sicular (2002), Rethinking Inequality Decomposition,
with Evidence from Rural China, *The Economic Journal*, 112
(476), 93 – 106.

Park, A. (2008), Rural – Urban Inequality in China, In Yusuf, S. & T.
Saich (eds.), *China Urbanizes: Consequences, Strategies, and
Policies*, Washington, D. C. : The World Bank.

Ravallion, M. & S. Chen (1999), When Economic Reform Is Faster than
Statistical Reform: Measuring and Explaining Income Inequality in
Rural China, *Oxford Bulletin of Economics and Statistics*, 61 (1),
33 – 56.

王建民、胡琪:《中国流动人口》，上海财经大学出版社 1996 年版。

第十二章　劳动力市场转折的效应：
对人力资本积累的影响

　　近年来，中国劳动力市场经历了明显变化，其主要的特征就是普通劳动力短缺的频繁出现和低技能工人的工资快速上扬。劳动力市场出现的这种变化对于当前及未来的参与者而言，其含义都是极其丰富的。尽管劳动力市场结果的变化对于个人福利和行为的影响显而易见，但其二阶效应却往往被忽视。这其中普通工人的工资上涨是否会刺激辍学率的上升，是需要引起有关决策者注意的问题。

　　忽视劳动力市场变化对教育决策产生的负面效应是非常危险的。首先，随着中国经济潜在增长率的下降（蔡昉、陆旸，2013），未来中国经济增长越来越依赖于生产率的提升，而后者则以劳动者具有更高的人力资本水平为前提。在经济发展跨越刘易斯转折点后，由于农村剩余劳动力几近枯竭，通过将劳动力从低生产率部门向高生产率部门重新配置获得生产率的提升以及经济增长源泉，变得越来越困难。根据我们的估计（都阳等，2011），在 21 世纪的头五年，农村劳动力再配置每年对经济增长的贡献达到 23.1%；而在接下来的五年则迅速下降到 11.7%。如果把这一结果与改革开放后头 20 年的估计相比（The World Bank，1997；蔡昉、王德文，1999），也有明显的下降。对于中国目前的收入阶段而言，向高收入国家跨越的任务仍然艰巨。要在未来继续保持持续经济增长，如果难以通过劳动力再配置提供增长源泉，提高每个岗位上劳动者的生产率就成为必要的选择。

　　其次，由于教育投资的外部性，对上述变化的反应，政府有首要责任。尽管《义务教育法》明确规定了公民应该接受最基本的教育，但对于个人而言，当劳动力市场上工资明显上涨时，放弃学业而加入劳动力市场似乎是个理性的选择。在这种情况下，社会就损失教育的社会收益。为了抵消个人决策的负外部性，政府必须通过公共政策承担起相应的责任。

最后，对个人教育决策进行政策干预的时机非常紧迫。众所周知，劳动者人力资本积累的主要部分是在进入劳动力市场之前完成的，因此，当前的教育决策必然影响未来的生产率水平。正因如此，当劳动力市场信号可能对教育决策产生负面影响时，政府应该果断干预，以使受影响的群体留在校园。一旦失去这一机会窗口，未来劳动力市场上的劳动者就有可能缺乏他们本应掌握的人力资本。

尽管经典的劳动经济学理论已经详尽地讨论了机会成本上升对教育决策的负面影响，但在中国这方面的实证研究并不多。其中一个很重要的原因是数据的缺陷。要描述教育决策的总体状况，需要具有全国代表性的数据支持。然而，目前入学和在学的统计主要依赖于教育行政管理部门逐级上报的数据，其准确性受到广泛的诟病。此外，将教育决策信息和劳动力市场信息结合起来就更加困难。本章利用两轮经济普查数据，在这一领域做一些经验研究的尝试。

本研究仅关注处于特定年龄阶段（13—16岁）的少儿，以分析其教育决策的决定因素。关注这一群体的原因如下。首先，这一年龄为初中教育的适龄段，根据《义务教育法》，处于接受义务教育的阶段。这也就意味着政府和孩子的父母都对他们完成该阶段的教育承担着责任。其次，当达到16岁时，孩子参与劳动力市场就成为合法行为，而不再被视作童工。因此，劳动力市场结果的变化对这一年龄段的孩子可能有较强的影响，并引起他们教育决策的变化。

较城市地区而言，普通工人工资的上涨对农村孩子有更大的影响，对贫困地区的农村则更为明显。总体上看，贫困家庭有较高的贴现率，使他们在进行跨期决策时更看重即期收入。此外，由于人口政策的制定和实施在各地的差异性，城乡之间的生育率有着明显的差异。农村地区的政策生育率达到2或更高，对于一些民族地区而言，人口政策则历来更为宽松。而这些地区往往正是我们所关注的贫困集中地区。正如我们所观察到的，中国农村年轻劳动力的供给几近衰竭，而欠发达地区在劳动力供给中将发挥更重要的作用。因此，通过增加和改善上述地区人力资本投资，提升人力资本质量，对于维持中国经济持续增长而言十分重要。

本章的第一节描述劳动力市场变化以及如何影响教育决策。第二节介绍本章使用的数据以及我们关心的主要变量。第三节利用具有全国代表性的数据，检验相应组别的工人工资变化如何影响适龄儿童的教育决策。第四节总结讨论本章的主要发现与结论。

第一节　劳动力市场变化与教育决策

近年来，劳动力市场变化的一个显著特征是低技能工人的工资上涨。较之于改革开放后的头 20 年，近年来普通工人的工资上涨实际上是劳动力稀缺性的反映。根据国家统计局农村住户调查数据，2001—2006 年，外出农民工的实际工资年均复合增长率为 6.7%，2006—2011 年达到 12.4%。而同期城镇单位就业职工的平均实际工资增长率则分别为 12.6% 和 11.0%。这一结果表明，农民工的工资水平在近年来实际上已经有了更迅速的增长。我们也很容易预期，不同群体之间工资趋同也会随之发生。已有的研究利用三轮城市劳动力市场调查（CULS）数据，对农民工和城市的工资变动进行观察，发现二者之间的确随着时间推移而趋同。同时，我们也发现在农民工内部，接受过高中教育的工人的回报率 2011 年较之仅接受初中教育者高出 25.9%，但在 2005 年和 2010 年则分别下降到 17.3% 和 16.9%（蔡昉、都阳，2011）。这意味着农民工接受更高教育的预期收益，随着时间的推移有所下降。

以前的文献已经观察到，在发达国家的劳动力市场上，由于技能偏向型的技术变迁（Skill Biased Technology Change），改变了不同教育水平的工人之间的工资结构，并扩大了收入差距（Acemoglu, 2002）。从人力资本积累的角度而言，这种工资结构的变化又会激励受教育者去追求更高的人力资本水平。但我们所观察到的工资趋同，对于人力资本积累可能会产生截然不同的效果，因为低技能工人的工资水平上涨，增加了教育的机会成本，并成为教育决策的负面影响因素。

实际上，工资趋同也发生于不同地区之间。尤其是近年来，内地企业也遭遇了同沿海地区一样的劳动力短缺。由于不同区域间劳动力市场一体化程度的提升，不同区域之间的工资也开始趋同。如图12-1所示，2003年中西部地区农民工的工资水平大约为沿海地区的3/4，到2009年不同地区之间的工资水平已经大致相当。很显然，本地劳动力市场上的工资信号对个人的决策有更直接的作用。特别是对于地处偏远的贫困地区而言，由于家庭的贴现率更高，当地的工资信息可能对教育决策过程有更明显的影响。

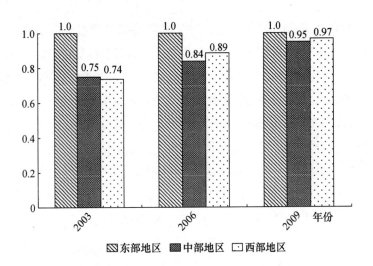

图12-1 不同地区之间农民工工资的趋同

资料来源：国家统计局。

为了理解劳动力市场结果的变化对教育决策的影响，我们构建了一个简单的理论模型。教育适龄者 i 根据劳动力市场信号，进行教育决策，以获取最大的终身收入。简言之，我们假定接受教育所要付出的机会成本，以及预期收益都将影响当前的教育决策。

$$S_i = s(T_i, E_i) \tag{12.1}$$

式(12.1)中，T_i 和 E_i 分别是接受当前阶段教育的机会成本，以及完成下一阶段教育的预期收益。尽管个人并不确切了解所承担的机会成本是多少，但可以参照获得类似教育水平的群体工资，评估自己机会成本的多寡。但由于贴现率的差异，同样的市场工资率对不同人会产生不同的影响。所以，影响机会成本的因素可以表达为：

$$T_i = t(\overline{w}_{ij}, \; r) \tag{12.2}$$

式(12.2)中，$\overline{w}_{ij}$ 是具有就学者当前教育水平的工人在劳动力市场上的平均工资率，r 是贴现率。同样，个人无法了解其预期收益的确切水平，只能根据当前劳动力市场上完成下一阶段 $j+1$ 教育者的工资率，作为参照的依据。

$$E_i = e(\overline{w}_{ij+1}) \tag{12.3}$$

基于式(12.2)和式(12.3)，我们可以将上述教育决策函数重新表达为式(12.4)：

$$S_i = s(\overline{w}_{ij}, \; r; \; \overline{w}_{ij+1}) \tag{12.4}$$

我们的假说是，当前教育阶段的市场工资率对教育决策有负面影响；贴现率越高辍学可能性越高；下一阶段的工资率对教育决策有正面影响。

$$\frac{\partial S_i}{\partial \overline{w}_{ij}} < 0, \; \frac{\partial S_i}{\partial r} < 0, \; \frac{\partial S_i}{\partial \overline{w}_{ij+1}} > 0 \tag{12.5}$$

以下的实证研究我们着重就劳动力市场变量对教育决策的影响作重点分析。

第二节　数据和变量

本章使用的数据主要来自国家统计局2005年1%人口抽样调查以及2010年第六次人口普查。1%人口抽样调查采取整群抽样，普查长表数据则抽取10%的人口进行调查。两轮调查都包括了关于教育状态的信息。由于两次调查有关信息的提问方式和问卷结构相同，因而具有很强的可比性。尽管我们实际使用的样本是从原始样本中随机抽取的子样本，抽样调查的 1/5 和普查的 1/10，但相比于其他很多抽样调查而言，本研究使用的数据具有很大的样本规模。这也是本研究的一个重要特性。当义务教育趋于普及，大部分地区的辍学率都处于较低水平时，大样本有助于提高估计的效率。

一　辍学率

本章主要关注在普查年份年龄为 13—16 岁的孩子就学状态。在两轮调查中，都明确提问了就学状态，并有一个选项是辍学。但本章并没有直接使用该调查结果，而是将处于该年龄段，没有完成初中学业，且不在学者定义为辍学。在这种情况下，我们的定义包括以下三类人群：（1）小学毕业但未继续中学学业者；（2）初中肄业者；（3）从初中辍学者。如果使用该定义，我们发现 2005 年，从初中辍学的比例为 6.84%，而 2010 年下降到 3.05%。尽管总体来看，辍学率趋于下降，但由于这是诸多因素综合作用的结果（例如教育投资的大量增加），因此，我们尚不能否定劳动力市场结果对教育决策的负面影响。

但正如我们所预期的，辍学率在不同地区之间以及城乡之间，并不是同质的。根据我们使用的资料，可以两种方法区分城乡。其一，以常住人口居住地类型划分，即将在某地居住超过半年的人口定义为常住人口，并根据人口密度等地区特征划分城乡；其二，根据户口登记类型，即农业或非农业户口，来区分城乡人口。表 12 - 1 的结果表明，无论以什么样的定义划分城乡，农村地区的辍学率都要显著高于城市地区。因此，本章随后的分析将主要着重于农村地区。不过，有意思的是，即便我们只关注农村地区，根据上述两个不同的定义区分城乡仍然有意义。很显然，如果我们基于户口类型来区分城乡，则辍学率要高于基于人口密度所定义的农村。这意味着，较之于学校基础设施这样与区位相关的因素而言，户口类型在教育决策中发挥更重要的作用。这一差别也同样说明，降低辍学率的政策应更加注重瞄准个体的干预，而不是简单地增加对学校的投资。

表 12 – 1		2010 年欠发达地区的辍学率		单位:%
省　份	贫困地区	非贫困地区	农村贫困地区	农村非贫困地区
河　北	5.16	3.21	5.54	3.66
山　西	2.38	2.38	2.70	3.14
内蒙古	4.34	1.31	4.68	2.40
吉　林	1.64	5.06	—	7.73
黑龙江	2.56	3.68	3.54	5.65
安　徽	2.94	1.85	3.21	2.17
江　西	2.23	1.68	2.45	1.86
河　南	1.44	1.71	1.58	1.96
湖　北	2.42	2.84	2.77	3.51
湖　南	3.10	1.99	3.26	2.42
广　西	5.38	3.98	5.75	4.33
海　南	4.17	1.57	3.85	1.89
重　庆	3.64	3.07	3.93	3.56
四　川	14.3	3.19	15.67	3.76
贵　州	5.08	3.88	5.25	4.53
云　南	10.12	7.30	10.66	8.42
西　藏	20.99	20.99	21.38	21.38
陕　西	2.99	1.69	3.07	1.98
甘　肃	6.61	3.21	7.05	4.08
青　海	15.38	9.43	15.67	12.40
宁　夏	4.91	4.29	5.41	6.98
新　疆	5.00	3.88	5.16	4.60

资料来源：笔者计算。

二　劳动力市场结果

另一组重要的变量是可能影响教育决策的劳动力市场结果。1%
人口抽样调查资料询问了每一个工人的工资信息，这使我们可以计算
不同组别的工人的平均工资。遗憾的是，在新一轮的普查中，没有再
收集工资资料。

本章的目的是观察劳动力市场结果变化如何影响教育决策。很显
然，工资率是反映劳动力市场变化最理想的指标。尤其是近年来低技
能工人的工资正在迅速上涨。所以，我们关注高中及以下教育的工人

工资水平对教育决策的影响，而忽略接受更高水平教育者。工资率定义为农业户口且外出乡镇 6 个月以上者的工资。按照教育水平，我们将工人分为初中、高中和小学及以下三类。描述性统计见表 12 - 2。

表 12 - 2　　　　　2005 年当地劳动力市场的平均工资率　　　单位：元/月

受教育程度	整　体	沿　海	内　陆
小学及以下	689（926）	724（1076）	622（539）
初　中	842（759）	872（800）	774（653）
高　中	1050（1045）	1115（1091）	901（914）

注：括号内为标准差。

资料来源：笔者计算。

由于本章的目的是观察劳动力市场信号如何影响个人决策，而个体工资内生于教育决策。因此我们使用不同教育水平工人在地区水平上的平均工资。我们相信地区工资水平会影响个人教育决策，而非相反。具体地，我们构建了三个变量：初中毕业者的平均工资、高中毕业者的平均工资和小学及以下教育者的平均工资。

除了工资，劳动力市场参与也是反映个体劳动供给的指标。低技能工人的工资水平上扬，将激励年轻人放弃教育，参与劳动力市场。在农村地区，非农工资水平的上涨，将会吸引越来越多的孩子迁移并从事非农经济活动。因此，我们假设一个地区 13—16 岁孩子的迁移率将影响该地区孩子的教育决策。在这里我们使用了国家统计局关于迁移的常规定义：离开乡镇半年以上。描述性统计见表 12 - 3。

表 12 - 3　　　　　　中国农村 13—16 岁人口的迁移率　　　　单位：%

区域划分	2005 年	2010 年
整　体	8. 33	9. 47
沿海地区	15. 50	14. 89
欠发达地区	4. 96	6. 64
贫困地区	——	3. 93
非贫困地区	——	7. 54

资料来源：笔者计算。

第三节　经验模型和结果

第三部分我们通过经验模型，观察前述的劳动力市场变量对教育决策的影响。在此，我们集中关注欠发达地区。

一　经验模型

我们使用下面的模型观察劳动力市场结果对教育决策的影响，如式（12.6）所示。被解释变量为是否在学。根据前面的定义，我们将13—16 岁在校的孩子定义为0，未完成初中但不在学者为1。

$$D_{i,j,k} = C_{i,j,k}\alpha + H_{j,k}\beta + M_k\gamma + P + \varepsilon_{i,j,k} \tag{12.6}$$

解释变量则由三组变量构成。第一组为个人特征变量，如孩子的性别。第二组为家庭特征变量，主要代理影响教育决策的贴现率，如父母的教育水平、家庭规模、16 岁以下家庭成员的比重、65 岁以上家庭成员的比重等。第三组变量是反映劳动力市场结果的变量：该地区接受小学教育者的平均工资、初中教育者的平均工资、高中文化者的平均工资。模型的主要目的，就是观察在控制其他影响教育决策的因素后，工资率系数的符号和大小。

除了工资以外，我们还使用了其他包括了劳动供给变量的方程。例如，该地区13—16 岁孩子的迁移率等。此外，我们在方程中加入了省虚拟变量以控制劳动力市场上其他未被模型反映，但与区域相关的因素。

二　估计结果

本章使用 Probit 模型估计上述方程。估计结果见表 12 - 4 和表12 - 5。鉴于义务教育阶段的辍学问题对于城市地区而言在总体上已经不明显，所有的模型我们只包括了来自农村地区的样本。由于欠发达地区的教育决策问题是我们关心的核心所在，第 1 列是结果回归的基准模型。

表 12 – 4   2005 年从初中辍学的决定因素

解释变量	（1）欠发达地区	（2）发达地区	（3）整 体
初中以下受教育者对数平均工资	– 0.030 ***	0.002	– 0.017 ***
	(0.004)	(0.004)	(0.003)
初中受教育者对数平均工资	0.029 ***	– 0.001	0.018 ***
	(0.005)	(0.007)	(0.004)
高中受教育者对数平均工资	– 0.010 ***	– 0.003	– 0.007 ***
	(0.003)	(0.005)	(0.002)
性别（男性 = 1）	– 0.009 ***	– 0.005 ***	– 0.007 ***
	(0.002)	(0.002)	(0.001)
父亲受教育程度	– 0.016 ***	– 0.006 ***	– 0.012 ***
	(0.001)	(0.001)	(0.001)
母亲受教育程度	– 0.022 ***	– 0.011 ***	– 0.018 ***
	(0.001)	(0.001)	(0.001)
家庭规模	0.013 ***	0.004 ***	0.010 ***
	(0.001)	(0.001)	(0.000)
家庭中 16 岁以下人口比例	– 0.091 ***	– 0.054 ***	– 0.078 ***
	(0.004)	(0.004)	(0.003)
家庭中 65 岁以上人口比例	– 0.114 ***	– 0.054 ***	– 0.093 ***
	(0.008)	(0.009)	(0.006)
天 津	—	0.048 ***	0.076 ***
	—	(0.015)	(0.021)
河 北	—	—	0.040 **
	—	—	(0.016)
山 西	– 0.007	—	0.033 **
	(0.005)	—	(0.015)
内蒙古	0.031 ***	—	0.082 ***
	(0.009)	—	(0.022)
辽 宁	—	0.061 ***	0.082 ***
	—	(0.016)	(0.022)
吉 林	0.100 ***	—	0.166 ***
	(0.011)	—	(0.028)

解释变量	(1) 欠发达地区	(2) 发达地区	(3) 整 体
黑龙江	0.118***	—	0.187***
	(0.012)	—	(0.030)
上 海	—	-0.000	0.001
	—	(0.010)	(0.015)
浙 江	—	-0.004	-0.005
	—	(0.008)	(0.011)
江 苏	—	-0.006	-0.008
	—	(0.008)	(0.011)
安 徽	-0.048***	—	-0.017*
	(0.003)	—	(0.009)
福 建	—	0.023**	0.031**
	—	(0.011)	(0.015)
江 西	-0.029***	—	0.006
	(0.004)	—	(0.012)
山 东	—	0.010	0.014
	—	(0.009)	(0.013)
河 南	-0.033***	—	0.001
	(0.004)	—	(0.012)
湖 北	-0.026***	—	0.012
	(0.004)	—	(0.013)
湖 南	-0.029***	—	0.007
	(0.004)	—	(0.012)
广 东	—	-0.006	-0.011
	—	(0.008)	(0.010)
广 西	-0.014***	—	0.028*
	(0.005)	—	(0.015)
海 南	-0.004	—	0.041**
	(0.007)	—	(0.017)
重 庆	-0.023***	—	0.013
	(0.005)	—	(0.014)

续表

解释变量	（1）欠发达地区	（2）发达地区	（3）整 体
四 川	0.010*	—	0.056***
	(0.006)	—	(0.018)
贵 州	-0.001	—	0.046***
	(0.006)	—	(0.017)
云 南	0.153***	—	0.230***
	(0.009)	—	(0.029)
西 藏	0.210***	—	0.305***
	(0.017)	—	(0.037)
陕 西	-0.023***	—	0.014
	(0.004)	—	(0.013)
甘 肃	0.016***	—	0.068***
	(0.006)	—	(0.019)
青 海	0.097***	—	0.163***
	(0.011)	—	(0.028)
宁 夏	0.072***	—	0.134***
	(0.011)	—	(0.026)
新 疆	-0.002	—	0.044**
	(0.008)	—	(0.017)
观测值	102908	46316	149224

注：括号内为标准差。***表示 $p < 0.01$，**表示 $p < 0.05$，*表示 $p < 0.1$。

表 12 – 5　　　　　　　　　2005 年辍学的决定因素

解释变量	（1）13 岁	（2）14 岁	（3）15 岁	（4）16 岁	（5）整 体
初中以下受教育者对数	-0.020***	-0.043***	-0.023***	-0.035***	—
平均工资	(0.006)	(0.007)	(0.008)	(0.010)	—
初中受教育者对数平均	0.024***	0.021**	0.039***	0.034**	—
工资	(0.008)	(0.010)	(0.011)	(0.014)	—
高中受教育者对数平均	-0.008*	-0.012**	-0.010*	-0.008	—
工资	(0.004)	(0.005)	(0.006)	(0.007)	—

续表

解释变量	(1) 13 岁	(2) 14 岁	(3) 15 岁	(4) 16 岁	(5) 整 体
13—16 岁人口的	—	—	—	—	0.187***
迁移率					(0.040)
性　别	-0.009***	-0.015***	-0.000	-0.004	-0.008***
	(0.002)	(0.003)	(0.003)	(0.004)	(0.002)
父亲受教育程度	-0.009***	-0.012***	-0.018***	-0.019***	-0.016***
	(0.001)	(0.001)	(0.001)	(0.002)	(0.001)
母亲受教育程度	-0.012***	-0.017***	-0.023***	-0.030***	-0.022***
	(0.001)	(0.001)	(0.002)	(0.002)	(0.001)
家庭规模	0.006***	0.008***	0.015***	0.026***	0.013***
	(0.001)	(0.001)	(0.001)	(0.002)	(0.001)
家庭中 16 岁以下	-0.037***	-0.049***	-0.062***	-0.049***	-0.090***
人口比例	(0.007)	(0.009)	(0.010)	(0.013)	(0.003)
家庭中 65 岁以上	-0.057***	-0.050***	-0.118***	-0.192***	-0.113***
人口比例	(0.012)	(0.014)	(0.017)	(0.022)	(0.008)
山　西	0.001	0.002	-0.012	-0.014	-0.007
	(0.008)	(0.010)	(0.009)	(0.011)	(0.005)
内蒙古	0.032**	0.049***	0.001	0.058***	0.027***
	(0.016)	(0.018)	(0.014)	(0.022)	(0.009)
吉　林	0.044***	0.085***	0.110***	0.164***	0.106***
	(0.016)	(0.020)	(0.019)	(0.023)	(0.010)
黑龙江	0.048***	0.122***	0.115***	0.192***	0.124***
	(0.018)	(0.025)	(0.022)	(0.026)	(0.011)
安　徽	-0.023***	-0.039***	-0.059***	-0.071***	-0.044***
	(0.005)	(0.006)	(0.006)	(0.008)	(0.003)
江　西	-0.023***	-0.024***	-0.044***	-0.018	-0.024***
	(0.005)	(0.008)	(0.007)	(0.013)	(0.004)
河　南	-0.013*	-0.031***	-0.038***	-0.050***	-0.035***
	(0.007)	(0.007)	(0.008)	(0.010)	(0.004)
湖　北	-0.020***	-0.024***	-0.040***	-0.004	-0.018***
	(0.005)	(0.007)	(0.008)	(0.013)	(0.004)

续表

解释变量	(1) 13 岁	(2) 14 岁	(3) 15 岁	(4) 16 岁	(5) 整体
湖 南	-0.004	-0.022***	-0.039***	-0.049***	-0.023***
	(0.008)	(0.008)	(0.008)	(0.010)	(0.004)
广 西	-0.003	-0.021**	-0.028***	0.003	-0.007
	(0.008)	(0.008)	(0.009)	(0.014)	(0.005)
海 南	0.004	-0.014	-0.006	0.005	-0.001
	(0.012)	(0.011)	(0.014)	(0.019)	(0.007)
重 庆	-0.016**	-0.009	-0.033***	-0.019	-0.024***
	(0.007)	(0.011)	(0.010)	(0.015)	(0.005)
四 川	-0.006	0.017	0.010	0.029*	0.015***
	(0.007)	(0.011)	(0.011)	(0.015)	(0.006)
贵 州	-0.005	-0.004	0.002	0.013	0.010*
	(0.008)	(0.010)	(0.011)	(0.015)	(0.006)
云 南	0.082***	0.128***	0.168***	0.256***	0.170***
	(0.016)	(0.018)	(0.017)	(0.020)	(0.009)
西 藏	0.178***	0.214***	0.206***	0.268***	0.229***
	(0.034)	(0.036)	(0.033)	(0.038)	(0.015)
陕 西	-0.012*	-0.029***	-0.030***	-0.014	-0.020***
	(0.006)	(0.007)	(0.008)	(0.012)	(0.004)
甘 肃	0.008	0.019	0.015	0.033**	0.029***
	(0.009)	(0.011)	(0.011)	(0.014)	(0.006)
青 海	0.083***	0.098***	0.099***	0.129***	0.130***
	(0.021)	(0.022)	(0.022)	(0.027)	(0.012)
宁 夏	0.030*	0.066***	0.070***	0.127***	0.068***
	(0.016)	(0.021)	(0.020)	(0.026)	(0.010)
新 疆	0.006	-0.008	-0.008	0.015	0.002
	(0.011)	(0.011)	(0.012)	(0.017)	(0.006)
观测值	24309	26031	28547	24832	106746

注：括号内为标准差。***表示 $p<0.01$，**表示 $p<0.05$，*表示 $p<0.1$。

正如前述理论模型所描述的，低技能的工人工资水平越高，辍学率也越高。表 12-4 的第 1 列表明，初中毕业者的平均工资水平对辍学有正的影响，这意味着该教育水平的工人工资上涨，的确增加了孩子继续学业的机会成本。根据估计的系数，该组别工人的工资较平均水平增长 10%，将导致辍学率从平均水平增长 0.29 个百分点。相比之下，具有高中文化的工人的工资水平越高，则会激励在学者留在校园，因为，它反映了继续接受教育的预期收益。

三 稳健性检验

为了检验上述结果是否稳健，我们用不同的方式估计上述模型，以观察劳动力市场变量的系数大小和符号的变化。首先，正如我们已经指出的，低技能工人工资上扬对教育决策产生影响可能只在欠发达地区发生，因此，为了对比，我们也利用发达地区的样本以及全部样本进行回归。其次，劳动力市场对在学者吸引可能随着年龄的变化而变化。因此，我们按年龄分别回归上述模型，以观察工资变量系数的变化。最后，我们用迁移变量替代工资变量，以检验用不同的方式度量劳动力市场结果，回归结果是否一致。表 12 - 4 和表 12 - 5 的后两列展示了稳健检验的回归结果。

使用不同的子样本或全部样本所得到的回归结果与我们的理论假设保持了一致性。表 12 - 4 的第 2 列只包含了发达地区的样本，但我们感兴趣的变量在该样本的回归结果中并不显著，这意味着劳动力市场变化对发达地区教育决策的影响有限。这一结果与我们先前的描述是一致的。如果观察全部样本，工资变量的符号仍然不变，但系数的绝对值下降。由于欠发达地区的样本数量更大，系数也在统计上显著。

工资变量对不同年龄的人的教育决策影响，也非常有意义。表 12 - 5 的前四列表明，越接近法定的工作年龄，劳动力市场指标对教育决策的影响也就越大：不仅系数的绝对值增大，显著性也增强。

表 12 - 5 的最后一列，我们用 13—16 岁孩子的迁移率替代工资变量。我们假定劳动力迁移与劳动供给和非农劳动参与之间存在正向的相关关系。回归结果表明，即便我们以不同的方式度量劳动力市场结果，仍然可以观察到其对教育决策的影响。

表12-6　　　　　　　　　　　　分年龄辍学率　　　　　　　　　　单位:%

年龄	2005年				2010年				
	整体	沿海	内陆	内陆农村	整体	沿海	内陆	贫困地区	农村贫困
13岁	3.68	1.84	4.55	5.20	1.89	1.02	2.27	3.10	3.24
男孩	3.27	1.55	4.10	4.64	1.96	1.28	2.26	3.15	3.33
女孩	4.11	2.14	5.02	5.78	1.82	0.72	2.29	3.05	3.14
14岁	5.77	2.76	7.21	8.16	2.45	1.31	2.94	4.21	4.58
男孩	5.28	2.72	6.52	7.29	2.50	1.55	2.93	4.29	4.76
女孩	6.26	2.80	7.91	9.03	2.38	1.02	2.97	4.12	4.38
15岁	7.72	4.10	9.47	10.83	3.71	2.14	4.40	6.61	7.12
男孩	7.84	3.92	9.37	10.68	4.06	2.21	4.84	6.95	7.47
女孩	7.60	4.29	9.57	10.97	3.31	2.06	3.87	6.19	6.69
16岁	9.94	5.74	12.03	14.02	4.75	2.92	5.53	8.32	9.05
男孩	9.80	5.61	11.88	13.79	5.09	2.93	6.03	8.91	9.89
女孩	10.08	5.88	12.18	14.27	4.36	2.91	4.98	7.68	8.14

资料来源:笔者计算。

表12-7　　　　　　不同户口类型及城镇化水平的辍学率　　　　　　单位:%

省份	2005年					2010年				
	整体	非农业	农业	城镇	农村	整体	非农业	农业	城镇	农村
北京	1.85	0.50	3.74	1.71	2.28	0.69	1.19	—	0	3.09
天津	4.97	1.20	8.28	2.78	10.36	2.01	1.01	3.38	1.79	2.40
河北	5.73	1.02	6.37	4.10	6.38	3.59	0.55	4.07	2.19	4.54
山西	4.96	0.91	5.93	2.50	6.47	2.38	0.53	3.03	0.73	3.77
内蒙古	6.75	1.64	10.05	2.73	10.99	2.32	0.58	3.36	1.06	3.85
辽宁	6.36	1.10	9.74	2.91	10.58	3.01	1.09	4.67	1.26	5.05
吉林	11.85	1.84	16.97	4.37	18.05	4.83	1.31	7.28	2.26	7.37
黑龙江	11.77	2.56	19.27	4.55	20.27	3.55	0.40	5.31	1.43	5.91
上海	1.56	0.55	3.93	1.71	0.35	1.25	0.45	2.72	1.11	2.56
江苏	3.04	1.80	3.47	2.49	3.55	1.96	0.90	2.66	1.52	2.51
浙江	2.83	0.67	3.30	3.44	2.20	2.21	0.39	2.61	2.01	2.46
安徽	2.59	0.45	2.93	1.87	2.96	2.19	0.69	2.53	1.01	2.88

续表

省 份	2005 年						2010 年				
	整 体	非农业	农 业	城 镇	农 村	整 体	非农业	农 业	城 镇	农 村	
福 建	6.03	2.00	6.71	4.51	7.06	2.38	0.96	2.74	1.68	3.16	
江 西	4.21	1.49	4.73	2.80	4.95	1.83	0.55	2.04	0.98	2.40	
山 东	4.54	0.97	5.03	2.50	5.98	1.31	0.54	1.41	0.75	1.79	
河 南	3.16	1.27	3.39	2.35	3.46	1.64	1.21	1.86	0.58	2.18	
湖 北	4.48	1.27	4.99	3.16	5.24	2.74	0.62	3.29	1.91	3.42	
湖 南	4.20	1.32	4.63	2.22	5.07	2.74	0.30	2.58	1.23	2.82	
广 东	3.09	1.66	3.44	2.64	3.52	1.61	1.71	1.98	1.20	2.03	
广 西	6.09	2.48	6.42	4.46	6.71	4.21	1.39	4.59	2.25	5.06	
海 南	6.42	3.17	7.62	4.23	8.38	1.93	2.06	2.16	0.87	2.80	
重 庆	4.08	1.95	4.59	2.69	4.88	3.32	0.26	3.74	2.72	3.76	
四 川	7.90	2.53	8.66	3.26	9.35	5.67	0.76	6.63	1.37	7.45	
贵 州	8.31	2.87	8.88	4.98	9.32	4.59	0.74	4.98	2.55	5.30	
云 南	24.87	3.99	26.27	13.76	28.04	8.84	—	9.70	3.63	10.74	
西 藏	41.82	20.18	43.41	27.03	46.46	20.99	1.15	21.38	—	20.16	
陕 西	4.54	1.28	5.03	3.28	5.16	2.20	1.29	2.45	1.66	2.55	
甘 肃	10.06	2.20	11.13	5.11	11.46	5.30	2.12	6.06	0.85	6.80	
青 海	19.11	2.85	23.54	4.41	26.04	12.25	—	14.12	2.94	17.00	
宁 夏	12.56	1.56	16.03	3.01	17.16	4.55	3.00	6.14	3.61	5.22	
新 疆	6.74	2.25	8.44	5.04	7.26	4.21	0	4.82	2.95	4.91	

资料来源：笔者计算。

第四节 结论与含义

中国劳动力市场正在经历从二元劳动力市场向具有新古典特征的劳动力市场的巨大转型。随着低技能工人的工资水平不断上涨，其对教育决策的影响值得政策制定者关注。利用具有全国代表性的大样本数据，我们检验了增加的机会成本对教育决策的负面影响。该经验结果对贫困地区特别具有针对性。尽管教育的公共投资总量近年来有明显的增加，但本章的研究结果表明，瞄准特定的地区、补偿教育的机会成本，对于提高教育投资的效率已经非常必要。

本章的经验研究结果对于教育和人力资本的公共投资也有直接的政策含义。根据我们的基准回归模型，在其他条件相同的情况下，具有初中文化水平的普通劳动力工资较之平均水平增加 10%，将引起辍学率上升 0.29 个百分点。2010 年，中国 13—16 岁的人口为 6793 万，其中 3826 万生活在中西部农村。如果按照我们估计的参数，在没有额外的政策干预情况下，上述情形将会导致约 11 万儿童从初中辍学。在表 12-6 和表 12-7 中，我们看到了不同群体辍学率的状况。

实际上，近年来中国劳动力市场上普通工人工资上涨的趋势已成不争的事实。根据国家统计局农村住户调查数据，扣除价格水平因素，2001—2006 年，农民工平均工资的年复合增长率为 6.7%；而 2006—2011 年，年复合增长率则达到了 12.4%。因此，劳动力市场的这一变化，会对那些接近合法劳动年龄的少年产生消极影响，增强他们就业的动机。

对于教育投资政策的含义也非常直接。中国政府对加强教育投资一直以来都非常重视。在《教育法》中，明确要求教育支出占 GDP 的比例要达到 4%，而且，近年来的实际财政支出比例已经接近这一标准。然而，以前的教育投入更多地关注教育基础设施的投入。在教育基础设施尚且薄弱的阶段，这一投资导向无疑是正确的。中国教育业已取得的成就也证明了这一投资策略的正确性。近年来，针对个体的教育补贴方案也在逐步实施，例如，针对农村义务教育的"两免一补"政策，就是正确的新的教育投资方向。但是，本章的经验分析表明，在面临劳动力市场剧烈变化的情况下，当前的补贴水平尚不足以抵消受教育者的机会成本。因此，特别是在贫困的农村地区，瞄准个体的直接补偿已经非常必要和迫切。

如前所述，本章关注的重点是中西部地区的农村，尽管劳动力市场的变化只对欠发达地区的个人教育决策产生影响，但由于这一地区的生育率水平明显高于其他地区，因此，对未来的劳动力供给质量有着显著的影响。2010 年，表 12 - 4 中欠发达省份的粗出生率为 1.2%，而发达地区为 1%；人口规模则占全国的 65%。因此，目前正受劳动力市场变迁影响的地区，在未来的劳动供给中将占据主导地位，针对这些地区，瞄准个人的教育补贴政策也将决定着未来中国的劳动供给质量。

参考文献

Acemoglu, D. (2002), Technical Change, Inequality, and the Labor Market, *Journal of Economic Literature*, 40 (1), 7 - 72.

Cai, F. & Y. Du (2011), Wage Increases, Wage Convergence, and the Lewis Turning Point in China, *China Economic Review*, 22 (4), 601 - 610.

蔡昉、王德文：《中国经济增长可持续性与劳动贡献》，《经济研究》1999 年第 10 期。

蔡昉、都阳：《工资增长、工资趋同与刘易斯转折点》，《经济学动态》2011 年第 9 期。

蔡昉、陆旸：《中国经济的潜在增长率》，《经济研究参考》2013 年第 24 期。

第十三章 相关政策建议

在劳动力市场面临转折的情况下，促进劳动力流动和农民工就业的政策也面临着新的挑战。一方面，对于未竟的改革内容，要继续加大力度，深化改革；另一方面，在新古典机制在劳动力流动过程中发挥日益重要作用的情况下，需要一些新的政策措施来促进农民工的流动和就业。

一 彻底改革户籍制度

随着社会经济的不断发展，不仅对户籍制度进行全面改革的需求和呼声日益增强，从改革的可行性看，彻底改革计划经济时期形成的户籍制度体系条件业已成熟。

第一，得益于近年来我国经济的快速发展，公共财政的能力已经大幅提高，为推进户籍制度改革积累了物质基础。财政收入的增长已经连续多年大大快于 GDP 的增幅，财政收入总量也达到了相当可观的数量。而且，以民生为主体的公共财政理念也取得了广泛共识，在这种情况下，通过加大对社会保护体系的投入，缩小不同人群之间与户籍关联的福利差异，从财力上看是可行的。

第二，通过最近若干年的努力，与市场经济相兼容的社会保护制度的基本框架已经建立。虽然各主要的社会保险在城乡之间尚表现出覆盖和水平上的差异，但这些制度的建立，尤其在农村地区的拓展，为建立统一的社会保护制度打下了制度基础。

第三，随着人口和劳动力的流动，城乡人口比例已经发生了根本转变，城市化水平已经超过 50%。尤其是具有生产性的劳动年龄人口，向城市转移已经比较充分，这意味着城乡统筹的难度已不如以前那么大。

第四，区域经济关系在近年来也发生了明显的改善。中西部地区近年来表现出快速发展的势头，2003 年以来，以人均 GDP 度量的区域差距程度，总体上在逐步缩小。这也意味着，目前推出深化户籍制度改革的举措，可能不会像以前区域经济差距较大的时期，使不同地区之间的人口流动形势和区域经济关系发生剧烈的变化。

户籍制度改革的核心是剥离户籍和福利之间的关联。从操作层面看，需要对目前分割的社会保险制度和社会救助体系实施一体化改革。其基本思路是，在养老、医疗、低保等基本制度上提供低水平、广覆盖的公共支持。深化户籍制度改革满足以下几个方面的要求：

（1）消除福利体系在区域间的差异。这就要求中央政府承担公民基本福利的义务，由中央财政提供最基本的社会保护项目的资金来源。唯有如此，才能彻底消除人口在区域间流动的"寻租动机"，破除来自地方政府对户籍制度改革的阻力。

（2）把个人福利水平与缴费挂钩，在基本福利制度保基本的基础上，将个人的更高福利水平与个人缴费水平挂钩。这样，不仅可以彻底剥离户籍的福利含义，也可以使户籍制度改革获得多数群体的支持。

（3）对现有的社会保护项目进行改革和整合，消除福利制度碎片化对户籍制度改革的影响。

（4）从改革方式上，启动新一轮的户籍制度改革。户籍制度改革如果仅仅停留在地方层面，就永远难以消除其对劳动力流动的阻碍。户籍制度的改革目前都遵循我国改革开放以来一直尝试的渐进改革原则。然而，户籍制度涉及的内容、对象和性质，决定了渐进改革的方式难以从根本上满足现阶段的发展需求。户籍制度的全面改革应该进入系统设计、全面改革、统筹城乡、覆盖全民的阶段，也需要一次自上而下的顶层设计：唯有超脱部门利益、地方利益的改革方案，才能真正逐渐消除户籍对社会经济发展产生的消极影响。

二 把农村劳动力转移的工作重点转向农村人力资源开发

在未来 10—20 年，随着经济发展和劳动力市场形势的变化，农村劳动力转移的速率将逐步放缓。然而，劳动力成本的不断提升将必然导致经济结构的更新、升级，农村转移劳动力将越来越多地在资本密集、技术密集和高附加值的行业就业。在这种形势下，推动转移数量的增加不应成为未来政府部门的工作重点，相应地，促进农村劳动力转移就业的工作重点应转向人力资源开发的力度，尤其需要通过更有效地组织实施培训计划，使农村劳动力更好地适应经济转型的需要。

三　进一步推动区域经济调整，促进劳动力的就近就地转移

区域经济的协调发展给中西部地区带来了更多的发展机遇。内陆省份有很多是传统的劳动力输出大省，尽管跨省迁移在最近几年式微，但产业的内迁给很多原本难以利用外部劳动力市场的农村劳动力以新的就业机会。特别是对于年长的农村劳动力，产业转移所带来的就业转移效应将更加明显。利用这一效应，将有利于鼓励原本沉淀在农业、人力资本相对较低的农村劳动力的转移就业。

四　完善城市化政策，提升转移劳动力有效劳动供给时间

我们的研究表明，农村劳动力的兼业化程度很高。增加农村劳动力的非农工作时间，不仅将提高他们的有效劳动供给水平，也会使农村转移劳动力的就业质量得以提升。目前，不完善的城市化进程是制约农村转移劳动力在非农部门劳动时间提高的主要因素。社会保护、公共服务的均等化和一体化将会刺激农村劳动力有效劳动供给时间的增加，并提升劳动力转移的质量。

五　进一步完善农村社会保护体系

分析表明，在当前的农村劳动力中仍然存在大量的人口，由于自身特征和人力资本水平的制约，难以利用非农劳动力市场。对于这一部分群体而言，通过积极的就业政策进行干预，往往难以获得理想的效果，需要加强社会保护的覆盖并提高社会保护的水平。因此，在未来10—20年时间内，农村养老、医疗、低保等社会保护体系的建设仍然非常重要。

六　劳动力市场制度要继续保持竞争性和灵活性

需要指出的是，尽管劳动力市场改革处于不断推进的过程中，劳动力转移的制度障碍在逐步减少，但制约劳动力流动的制度因素仍然

存在。在未来，进一步推进劳动力市场制度的改革，增加劳动力市场的竞争性和灵活性，对于促进农村劳动力转移就业仍然重要。

优化要素市场环境，确保工资、利率等生产要素价格的变化能准确反映要素的稀缺性。如果工资上涨是劳动力日渐稀缺的反映，则企业用资本替代劳动、以技术工人替代简单劳动力就会改善其经营状况，并达到提高全要素生产率的目标。因此，要更加注重建立和谐稳定的劳动关系与建设灵活有效的劳动力市场的统一，避免近年来不断加强的劳动力市场规制措施，对劳动力市场灵活性产生负面影响，并由此在劳动力市场形成不正确的价格信号。

七　加强人力资本积累，提高劳动力的素质

在加大教育、培训等人力资本投资的同时，深化教育体制和培训体系的改革，提高人力资本积累的效率。人口受教育年限的提高需要长期的积累，而不是一朝一夕可以做到的。例如，即使伴随着义务教育普及率的提高和高等教育的扩大招生，16 岁以上人口的受教育年限，在 1990—2000 年仅仅从 6.24 年增加到 7.56 年，总共才增加1.32 年。2010 年人口受教育年限进一步提高到 8.9 年，10 年中也只增加了 1.34 年。

因此，提高劳动者受教育程度和技能，是产业结构调整得以成功的关键之举，也是降低大学毕业生和青年就业群体免予未来自然失业冲击的人力资本屏障。在目前劳动力短缺、高技能与低技能劳动者之间工资趋同的条件下，对家庭特别是农村贫困家庭产生了一种受教育的负激励。虽然这些新生劳动力群体目前很容易找到工作，但是，在产业结构大幅度升级之后，他们的人力资本将不能适应新的技能要求，那时将成为就业困难群体，经常性地遭受结构性和摩擦性失业困扰。